ELEVANDO mulheres

DO SILÊNCIO À VOZ: O DESPERTAR DE TODAS NÓS

Priscila Wagner

ELEVANDO mulheres

DO SILÊNCIO À VOZ: O DESPERTAR DE TODAS NÓS

70

Rio de Janeiro, 2025

Elevando mulheres

Edições 70 é um selo da Editora Almedina Brasil do Grupo Editorial Alta Books (STARLIN ALTA EDITORA E CONSULTORIA LTDA).

ISBN: 978-65-542-7327-5

Impresso no Brasil – 1ª Edição, 2025 – Edição revisada conforme o Acordo Ortográfico da Língua Portuguesa de 2009.

Dados Internacionais de Catalogação na Publicação (CIP)

W133e
1.ed.- Wagner, Priscila.

Elevando mulheres - Do silêncio à voz: o despertar de todas nós / Priscila Wagner. - Rio de Janeiro: Edições 70, 2025.

208 p.; 15,7 x 23 cm.

ISBN 978-65-542-7327-5

1. Feminismo. 2. Papéis de gênero. 3. Condição social da mulher. I. Título.

CDD 305.4

Índice para catálogo sistemático:

1. Mulheres - características, papéis e condições sociais. - 305.4

Almedina Brasil é uma Editora do Grupo Editorial Alta Books

Produção Editorial: Grupo Editorial Alta Books
Diretor Editorial: Anderson Vieira
Vendas Governamentais: Cristiane Mutüs
Produtora Editorial: Luna Bolina
Revisão Gramatical: Livia Barros
Diagramação: Roberto Maia
Capa: Tatiana Lopes de Paiva

ALTA BOOKS
GRUPO EDITORIAL

Rua Viúva Cláudio, 291 – Bairro Industrial do Jacaré
CEP: 20.970-031 – Rio de Janeiro (RJ)
Tels.: (21) 3278-8069 / 3278-8419
www.altabooks.com.br – altabooks@altabooks.com.br
Ouvidoria: ouvidoria@altabooks.com.br

Editora **afiliada à:**
ASSOCIADO

Dedicatória

Dedico este livro a todas as mulheres, bruxas e revolucionárias, às minhas ancestrais que nunca tiveram voz. Hoje, eu a tenho, e com ela rompo o ciclo de silenciamento e opressão. Este livro é para todas vocês.

Agradecimentos

Há sete anos, iniciava meu processo de despertar sobre o que é ser mulher em nossa sociedade. Esse processo começou quando decidi iniciar uma análise com um psicanalista que, até hoje, segue sendo meu espelho: Sérgio Costa.

Sérgio me mostrou que toda a violência física, sexual e os assédios que sofri ao longo da vida não eram culpa minha, mas sim consequência de um sistema opressor chamado patriarcado. Ali se iniciou o meu despertar.

Não apenas com a análise, mas, ao longo desses anos, diversas pessoas estiveram ao meu lado, segurando a minha mão e me sustentando como rede de apoio.

Em 2020, após três infecções por COVID-19, no auge da pandemia, sofri uma angina como sequela das inúmeras reinfecções. Um vírus que devastou a humanidade e que, acredito, foi um gatilho para o despertar de muitas pessoas.

Nunca se falou tanto sobre violência contra as mulheres como no pós-pandemia. Todas as sombras vieram à luz.

Durante a internação – cinco dias isolada no CTI cardíaco – tive um sonho. Nele, eu estava em uma aldeia repleta de mulheres, e via nitidamente um símbolo feminino. Ao acordar, liguei imediatamente para minha amiga Vanessa Mussi e disse: "Precisamos criar um projeto chamado Elevando Mulheres." Não sabia como e nem de que forma isso aconteceria, mas saí do hospital com a convicção de que meu propósito era ajudar outras mulheres a despertarem, como eu despertei – com a ajuda da minha rede de apoio.

Em 2021, Vanessa e eu fundamos o Elevando Mulheres, uma equipe multidisciplinar que acolhia mulheres pela internet, a única forma possível naquele momento. Ali, compreendi que eu não estava sozinha. Cada relato que ouvia, eu conhecia na pele – já havia vivido todos eles.

Com o incentivo de Sérgio e Vanessa, comecei a me aprofundar nos estudos sobre violência contra as mulheres e, ainda em 2021, comecei a esboçar este livro.

Com o afrouxamento das restrições sanitárias em 2022, voltamos ao trabalho presencial, e eu, sem perceber, fui apertando meu tempo e achatando meu propósito. Candidatar-me a deputada federal foi uma tentativa de continuar lutando por políticas públicas para as mulheres. Foi uma experiência intensa e transformadora, que reafirmou minha vontade de seguir elevando mulheres.

Em 2024, iniciei o mestrado em Saúde da Família, onde me vi novamente mergulhada nos estudos e com um desejo latente de retomar a escrita iniciada anos antes. E assim nasceu Elevando Mulheres: O Despertar.

Tive muitas pessoas que me acompanharam nesse percurso. Elas não foram apenas rede de apoio – foram verdadeiros anjos na minha vida. A elas, dedico este livro e minha alegria.

Aos meus pais, Ângela e Douglas: sem vocês, eu não estaria aqui, viva e cheia de sonhos. Desde cedo, vocês me ensinaram a desafiar a socialização feminina, dizendo: "Minha filha, estude, estude muito, trabalhe bastante para não depender de homem na sua vida!" (rs). Vocês estavam certos em me encorajar a ser independente, mas erraram ao dizer que eu não poderia acreditar ou confiar em homens. Foram justamente as mãos de vários deles que me ajudaram a chegar até aqui.

A Leonardo Amorim, a quem carinhosamente chamo de "minha pessoa", meu melhor amigo, minha alma gêmea e meu amor: sua escuta sensível, seu incentivo constante e sua fé inabalável no meu trabalho foram fundamentais para que este livro ganhasse vida. Obrigada por caminhar ao meu lado nos dias bons – e, principalmente, nos dias difíceis.

Aos amigos que foram pilares nos momentos mais sombrios: Rodrigo Rangel, que nunca soltou minha mão e ainda confiou a mim a linda missão de ser madrinha de seus filhos, Davi, Lucas e Guilherme; Alexandre Polido, que me acompanha com carinho e paciência há mais de 24 anos, testemunhando minha transformação de menina a mulher, com todas as dores e conquistas do caminho; e Eduardo Costa, amigo e cabeleireiro, cuja amizade, incentivo e cuidado sempre iluminaram meus dias e elevaram minha autoestima nos momentos em que eu mais precisei.

E ao Diogo Oliveira, cuja existência e trabalho (na Polícia Federal) me inspiram profundamente. O comprometimento com o que ele faz, sua sensibilidade diante das dores do mundo e a maneira como atua me tocaram de forma definitiva. Foi por meio dele que floresceu em mim o desejo de investigar com mais profundidade as violências que atingem as infâncias, especialmente os temas ligados à pedofilia. Seu trabalho me ensinou que é possível transformar indignação em ação e me impulsionou a seguir escrevendo, mesmo quando tudo parecia desabar. Obrigada por ser, sem saber, um farol em meio a tantos silenciamentos.

Aos meus irmãos de santo, Wagner e Marcelo Almeida: vocês foram e continuam sendo luz em meu caminho. Obrigada por me elevarem com sua sabedoria e companheirismo. A todos vocês, meu amor, minha gratidão e este livro, que também é parte de cada um de vocês.

Antes de honrar todas as minhas amigas mulheres, preciso honrar minha ancestralidade, aquelas que vieram antes de mim e já não estão mais aqui. Este livro é a nossa libertação. À minha querida e saudosa avó, Dona Felicidade; à Dona Dedena, Dona Cléia e Dona Walterlina: onde quer que estejam, sei que cada linha deste livro é um passo na quebra desse ciclo de violências. Eu vejo vocês, sinto vocês, amo vocês e as honro profundamente.

À minha irmã Gabriela Wagner e ao meu sobrinho Arthur Alvarez.

Às minhas tias paternas, que com carinho chamo de "a casa das sete mulheres matriarcais": Vera Lúcia Wagner, Iozália Leite, Izinete Leite, Vânia Leite, Rose Leite, Adenilda Melo e Vânia Oliveira. Às minhas primas, que são irmãs e filhas maravilhosas dessas mulheres: Rayssa Leite, Sarah Leite, Giulia Tessadrelli, Juliana Oliveira e Maitê Melo. Ao meu tio paterno Jaelir Leite, e ao primo paterno Walter Bello, obrigada por serem meu abrigo e meu apoio incondicional nesta jornada chamada vida.

Às minhas tias e primas maternas: Ana Pinto, Adriana Pinto, Myllena Maia, Amaralina Monteiro, Valentina Monteiro, Márcia Rosa, Valéria Rosa e Caroline Rosa. Gratidão.

Às minhas melhores amigas, irmãs de alma e maiores incentivadoras: Vanessa Mussi, Bianca Musser, Jéssica Correa, Eliane

Estevão, Daiany Carraro, Aline Ferreira, Marcela Abreu, Danielle Quarteroli, Márcia Lygia, Jucielly Vasconcellos, Marcela Souza, Dalva Correa, Oci Ferreira, Monique Ferreira e Cristine Bretas. Sem vocês, minha cura não teria sido possível. Foi a mão invisível de cada uma que me sustentou, me acolheu e me permitiu seguir.

Bianca Musser, sem você eu não teria tido saúde física para viver com intensidade a criação deste livro. Sua amizade e presença foram essenciais em toda minha trajetória. Sou profundamente grata.

Dalva, sua sensibilidade como escritora, sua escuta generosa e sua amizade constante me inspiraram a permanecer focada – em estado de flow – durante toda a escrita. Foi você quem me lembrou que meu legado será deixado em livros, como sementes para as próximas gerações. Obrigada por acreditar em mim, mesmo quando eu duvidei.

Também sou profundamente grata à Jéssica Corrêa, que esteve ao meu lado em todos os momentos em que meu corpo se enfraqueceu. Você foi meu bálsamo, cuidando de mim com paciência, carinho e atenção, sempre pronta a oferecer apoio quando eu mais precisava. Sua presença me trouxe alívio, força e confiança para seguir em frente, e eu jamais esquecerei o quanto seu cuidado foi essencial para que eu pudesse me reerguer.

Agradeço à corrida por me mostrar que nada é impossível e que, muitas vezes, é a mente – e não o corpo – que nos limita. Foi correndo que aprendi a lidar com dores, silêncios e superações. Cada passo me ensinou que sou mais forte do que imaginava.

Sou grata também aos amigos que a corrida me trouxe, verdadeiros presentes do caminho: Márcia Marcon, Lucas Prestes, Felipe Ramos, Gustavo Suisso e sua esposa Cris Sepulveda, Ney Mesquita, Ale Pereira, Márcio (Trakinas), Daniel Ruiz e Vagner

Santos. A presença e o incentivo de vocês tornam os quilômetros mais leves e a jornada muito mais potente. Obrigada por me ajudarem a ir mais longe todos os dias, dentro e fora das pistas.

Em especial, quero agradecer a quem tem sido meu parceiro não apenas nas corridas, mas também na vida: Daniel Ruiz. Sua presença e incentivo têm feito uma diferença imensa no meu caminho. Você me mostrou que ser amada não exige que eu me molde, e que existem homens que escolhem, de forma consciente, desconstruir o machismo e tudo que ele carrega de nocivo. Ao seu lado, descubro todos os dias que amor também é respeito, apoio e liberdade para ser quem eu sou. Somos dois caminhando lado a lado, somando forças, cuidando um do outro e construindo algo que nos fortalece. Você é meu parceiro de vida, meu maior incentivador e eu te amo. Sou grata ao universo por ter nos cruzado na pista e na vida.

Às minhas gatas – minhas filhas de quatro patas – Babi, Amarelinha e Kyra, que me ensinam diariamente sobre a força do amor incondicional e o respeito à vida, em todas as suas formas.

Por fim, sou imensamente grata à vida por ter colocado em meu caminho meu orientador no mestrado, Dr. Luiz Antônio Teixeira, que sempre acreditou no meu potencial e se dispôs a caminhar ao meu lado na luta por um SUS melhor, com mais políticas públicas que protejam nossas crianças e mulheres.

A todas as minhas alunas, mulheres corajosas que, em algum momento, me permitiram entrar em suas vidas e ser facilitadora do despertar de cada uma de vocês: minha mais profunda gratidão. Obrigada por confiarem em mim, por abrirem seus corpos e corações, e por me permitirem caminhar junto nesse processo de transformação. Vocês são a razão e o sentido do que faço.

Prefácio

A jornada de escrever este livro nasceu de minhas vivências, marcadas por dores profundas e pelas diversas violências que sofri ao longo da vida. Há anos, vivi um relacionamento abusivo em todos os sentidos. Nele, experimentei a violência física, sexual e psicológica. Naquela época, a Lei Maria da Penha ainda não existia. Eu não sabia a quem recorrer, nem possuía os recursos emocionais necessários para compreender a extensão de tudo o que havia vivido. Após tamanha dor e humilhação, decidi buscar ajuda e iniciei meu processo de análise com uma psicanalista.

Na análise, pela primeira vez, entendi que a culpa por tudo o que havia sofrido não era minha, mas de uma estrutura social profundamente desigual e opressora. Assim como tantas vítimas de violência doméstica, eu carregava a culpa por algo que não estava sob meu controle. Eu me questionava incessantemente: "E se eu não tivesse feito isso ou aquilo, ele não teria me agredido? Eu não teria sofrido um estupro de vulnerável?" Essas perguntas, carregadas de dor e vergonha, foram desconstruídas ao longo do processo de autoconhecimento.

Com o tempo, mergulhei em anos de estudos e nas obras de pesquisadoras feministas que me ajudaram a entender o legado da violência estrutural contra as mulheres. Esse despertar foi transformador. Foi quando percebi que precisava ajudar outras mulheres a encontrarem esse mesmo caminho de conscientização. Não para evitar que todas passem pelo que passei, pois o machismo e a violência são problemas sistêmicos, mas para que elas tenham mais recursos e consciência do que eu tive quando enfrentei esse ciclo de abusos.

Ao olhar para as mulheres ao meu redor, comecei a identificar padrões cíclicos de violência e opressão. Padrões que se repetiam, geração após geração, nas histórias de minha família e em tantas outras ao meu redor. Este livro, então, tornou-se um ato de rompimento – um grito de resistência contra os padrões ancestrais e sociais que nos aprisionam. Mesmo que ele desperte apenas uma mulher, será um passo significativo rumo à transformação.

Elevando Mulheres: O Despertar surge com a missão de ajudar as mulheres a enxergarem toda a estrutura patriarcal que sustenta e alimenta as opressões que vivemos. Cada capítulo é uma tentativa de desvendar as engrenagens desse sistema, desde as relações abusivas até os impactos do machismo no corpo, na mente e na alma feminina. Meu desejo é que esta obra sirva como um farol, guiando mulheres para longe da culpa e do silêncio, em direção à consciência e ao empoderamento.

Escrevo este prefácio com a certeza de que, embora os desafios sejam imensos, a força das mulheres é maior. Que esta obra inspire um despertar coletivo e seja um passo na construção de uma sociedade mais justa e humana para todas nós.

Priscila Wagner

Sumário

Introdução

A militância feminista no Brasil é uma tarefa difícil e, muitas vezes, solitária. Vivemos em um mundo patriarcal onde somos obrigadas a nos declarar por homens, por corpos superiores umas às outras, por cargos, empregos, roupas e uma série infinita de competições entre mulheres. Não aprendemos sobre sororidade quando crianças; em vez disso, somos ensinadas a odiar outras mulheres por meio de uma frase que gera crenças profundamente arraigadas em nossas mentes: "Ela tem inveja de você!" Quantas vezes nós, mulheres, ouvimos essa frase desde a infância? Ouvimos repetidamente que não devemos confiar em outra mulher, que o único gênero digno de confiança e amor são os homens. Essa crença nada mais é do que a expressão da socialização feminina.

A socialização feminina é um processo que nos molda desde a infância, condicionando-nos a ver outras mulheres como concorrentes em vez de aliadas. Essa competição forçada, muitas vezes alimentada por padrões patriarcais, nos faz acreditar que devemos lutar por atenção, por validação masculina e por espaço em uma sociedade que já nos marginaliza. Dessa forma, o patriarcado mantém as mulheres divididas, o que enfraquece nossa luta coletiva por igualdade e justiça. Essa dinâmica perpetua o ciclo de rivalidade entre mulheres, dificultando a construção de laços de solidariedade e apoio mútuo.

Ao sermos constantemente bombardeadas com mensagens de que não podemos confiar em outras mulheres, o patriarcado se fortalece. A desconfiança entre nós impede a criação de uma verdadeira união, necessária para combater as estruturas opressoras. As mulheres que internalizam essas crenças acabam contribuindo, mesmo que inconscientemente, para a manutenção do status quo. O patriarcado prospera quando estamos divididas, e é exatamente essa divisão que ele procura perpetuar.

Para romper com esse ciclo, precisamos desconstruir as crenças que nos foram impostas e aprender a ver outras mulheres como parceiras em vez de rivais. A sororidade não é apenas uma palavra bonita, é uma prática essencial para desmantelar o patriarcado. Ao cultivarmos a união e o amor entre mulheres, criamos uma rede de apoio poderosa, capaz de transformar nossas vidas e a sociedade como um todo. Essa união é uma ameaça direta ao patriarcado, que depende da nossa desunião para se perpetuar.

Este livro nasce de motivações profundamente pessoais, enraizadas na rivalidade feminina que permeia as entranhas da nossa sociedade capitalista e patriarcal. A obra é uma tentativa de capturar e expor todas as formas de violência que vivi como mulher, além de explorar a ideia do despertar popularizada no mundo ocidental pelo famoso psiquiatra Carl Jung, que descreveu esse processo como o "retorno ao self original" – o reencontro com o que realmente somos. A experiência de ascender a um estado superior de consciência sempre foi uma parte intrínseca do que significa ser humano, mas, para as mulheres, esse processo é muitas vezes bloqueado pelas forças opressoras que buscam silenciá-las e subjugá-las. E, nesse contexto, é preciso reconhecer uma verdade dolorosa: todas as mulheres, sem exceção, já sofreram algum tipo de violência em suas vidas. As que acreditam não ter sofrido, muitas vezes, já normalizaram tanto a violência que não conseguem mais identificá-la como tal. Esse é um dos mecanismos mais cruéis do patriarcado – fazer-nos acreditar que o sofrimento é nosso destino inevitável.

A produção deste livro vai além de um simples relato sobre a origem da violência contra as mulheres; ela se coloca como uma explicação do complexo processo que nos molda, silencia e condiciona a normalizar as inúmeras formas de opressão que enfrentamos diariamente. Cada página é um convite para uma jornada dolorosa, mas necessária, de compreensão sobre como essas violências estão entranhadas em nossas vidas. Cada palavra é uma tentativa de quebrar o ciclo de aceitação e conformidade que nos aprisiona. O despertar é essencial para que possamos romper com essas forças invisíveis e tão arraigadas que nos prendem. Quando as mulheres se tornam conscientes de suas próprias opressões e das estruturas que as perpetuam, elas se capacitam a transformar suas vidas e, em última análise, a sociedade como um todo.

Este despertar é o primeiro passo para a liberdade, e sem ele, continuaremos a ser moldadas por forças externas que não têm o nosso bem-estar em mente. É por isso que surge o conceito de elevar as mulheres – a necessidade urgente de despertar cada uma para a realidade que a cerca, para mostrar que, sim, todas já sofreram algum tipo de violência em algum momento de suas vidas. Mas, por termos normalizado tanto essas violências, muitas vezes não conseguimos identificá-las. Este livro busca ser a luz que revela as correntes invisíveis que nos prendem, a voz que ecoa a verdade que tentamos esquecer e a força que nos impulsiona a reconhecer nossa dor e transformá-la em poder.

Mais do que elevar, esta obra busca despertar cada mulher para sua própria força, incentivando-a a reconhecer as correntes invisíveis que a prendem e a encontrar coragem para rompê-las. Este livro não é apenas uma obra literária, é um ato de resistência, um chamado à ação e uma declaração de que a luta contra o patriarcado é, antes de tudo, uma luta pela nossa própria liberdade. A importância de despertar está na compreensão de que, ao nos tornarmos conscientes de nossa opressão, abrimos a porta para a mudança verdadeira. É o reconhecimento da nossa força interior que nos permite desafiar e subverter as normas que nos oprimem, criando um mundo onde podemos existir plenamente como somos – livres, autônomas e poderosas.

Desde o momento em que nascem, as mulheres enfrentam violência em diversas formas – física, psicológica, emocional, obstétrica e estrutural. Essa violência é sistemática e começa a se manifestar ainda na infância, quando as meninas são socializadas para se conformarem aos papéis de gênero que as colocam em posições subalternas. Estamos imersas em uma sociedade que normaliza o abuso e a opressão, perpetuando ciclos de violência que são difíceis de quebrar.

Bell hooks, uma das mais influentes pensadoras feministas, nos lembra que não somos contra o amor, mas sim contra a maneira como nós, mulheres, somos ensinadas a amar. Em uma sociedade patriarcal, o amor é frequentemente apresentado como uma experiência que justifica a submissão e o sacrifício feminino. Hooks argumenta que precisamos reimaginar o amor como uma força que nos liberta e não que nos aprisiona em relações desiguais. Desconstruir essas ideias é crucial para que possamos experimentar o amor de forma plena e saudável, rompendo com os padrões de dominação.

Simone de Beauvoir, em sua obra "O Segundo Sexo", também nos oferece uma análise fundamental ao nos mostrar como as mulheres são historicamente vistas como "o outro", o segundo sexo. De Beauvoir enfatiza que a mulher é definida em relação ao homem, sempre como inferior e dependente. Essa visão estrutural contribui para a perpetuação da violência e da desigualdade, uma vez que reforça a ideia de que as mulheres existem apenas em função dos homens. Para Beauvoir, a emancipação feminina depende da luta para desconstruir essas narrativas e conquistar a autonomia plena.

Embora tenhamos conquistado avanços significativos ao longo dos anos, ainda estamos longe de reduzir de forma significativa os índices de violência contra a mulher. Isso se deve, em grande parte, às raízes profundas do patriarcado e do capitalismo, que se alimentam da desigualdade e da exploração. A sociedade capitalista e patriarcal não apenas perpetua a violência contra as mulheres, mas também cria um ambiente onde essa violência é invisibilizada e naturalizada.

Vivemos uma era marcada pela terceira onda do feminismo, mas, ironicamente, estamos lutando para manter direitos que já deveriam estar assegurados, e não conseguimos avançar na conquista de novos direitos. O mundo globalizado está mergulhado em um retrocesso alarmante quando se trata de direitos humanos, resultado do avanço mundial da extrema-direita. Em meio a esse cenário, vemos jovens adotando comportamentos ultraconservadores, adoecidos pelo bombardeio constante de uma liberdade sexual superficial promovida pelas redes sociais. Esse paradoxo gera uma onda crescente de misoginia, com um número alarmante de adolescentes e homens "respirando" uma cultura tóxica que desumaniza e violenta as mulheres.

Em um momento em que os direitos reprodutivos das mulheres estão sob ataque constante, vemos o valor moral de um feto sendo colocado acima do de uma criança que foi abandonada pelo pai. Esta inversão de valores é especialmente cruel em uma sociedade que romantiza a maternidade, mas que abandona as mulheres quando essas precisam de apoio. A criação da lei de alienação parental exemplifica essa distorção, pois, na prática, essa legislação tem servido para proteger abusadores, expondo nossas crianças a diversas formas de violência. Em vez de proteger as mulheres e seus filhos, essa lei acaba reforçando a violência que essas famílias já sofrem.

Ao mesmo tempo, testemunhamos adolescentes e mulheres se obrigam à submissão em prol de uma doutrinação religiosa que se espalha como uma sombra sobre nossos governos. Essa doutrinação, que tenta nos silenciar e tirar os poucos direitos que conquistamos com tanto esforço, é um dos maiores desafios que enfrentamos atualmente. Como mulheres feministas despertas, nossa vigilância tem sido constante, mas a tentativa de retrocesso se expande globalmente, com leis sendo revogadas, direitos sendo perdidos e até mesmo criminalizados.

Os direitos reprodutivos das mulheres estão sob ataque constante; quando escolhem não ser mães, enfrentam a perda de direitos básicos. E, paradoxalmente, quando decidem ser mães, são julgadas e condenadas por seus atos. A verdade é que, em uma sociedade que nos vê como meros objetos reprodutivos, qualquer decisão que tomemos será alvo de julgamento. E objetos, afinal, não têm vida, nem voz. Expor como essa engrenagem opera desde a nossa concepção no útero é crucial. É necessário revelar o processo de socialização feminina, a construção do amor romântico e o aprisionamento das mulheres a ele, fazendo com que suas vidas girem em torno dos homens.

A cultura do estupro e a normalização da pedofilia são apenas algumas das muitas formas de violência contra as mulheres que persistem. Muitas dessas violências nem sequer possuem tipificação no código penal. E, mesmo com a Lei Maria da Penha, ainda há muito a ser feito para combater esse sistema opressor.

Enquanto essas estruturas de opressão continuarem a existir, a luta pela emancipação feminina permanecerá árdua. No entanto, acredito profundamente que, por meio do trabalho coletivo e da conscientização, podemos transformar essa realidade. Se meu trabalho conseguir despertar plena e profundamente ao menos uma mulher, toda a dor que carrego terá valido a pena. Meu compromisso é continuar lutando, com a esperança de que um dia possamos viver em um mundo onde nenhuma mulher precise sofrer a violência que tantas de nós enfrentam diariamente.

CAPÍTULO

1

O Papel Histórico da Mulher em Nossa Sociedade

Nossa intenção é fazer um breve compartilhamento sobre o papel de nós mulheres na sociedade como um todo. Durante séculos o papel da mulher persistiu sendo escrava do lar, onde suas obrigações eram cuidar do lar, dos filhos e do marido. Onde ser livre para falar e se expressar era papel somente dos homens. Mas nem sempre foi assim, houve um período histórico em nossa sociedade em que as mulheres eram vistas como as próprias deusas encarnadas. Em um sistema matriarcal.

Fazendo um apanhado da pré-história na época Neolítica, as mulheres regiam a sociedade por meio de uma sociedade matriarcal, na qual as mulheres eram responsáveis pelo cultivo da agricultura, da domesticação de animais de pequeno porte como os gatos, cuidavam do lar, de sua comunidade, vestuários e dos filhos. Ainda no neolítico, nos períodos em que as atividades de caça se mostravam em baixa, a coleta de folhagens, frutos e raízes comestíveis acabavam garantindo o sustento de todo um grupo, graças à organização dessas mulheres. Chegando ao período Paleolítico, em alguns lugares no mundo como na Austrália, há vestígios de pinturas, atividades artesanais e fabricação de armas com comprovada autoria feminina. Não se tem muita certeza das divisões entre homens e mulheres dessa época. As sugestões arqueológicas dessas épocas eram que os artefatos achados mostravam a representação do corpo feminino sendo conectado com a Deusa Mãe, exibindo os atributos físicos lidos como símbolos de fertilidade. A mulher deusa e a mulher mãe.

De acordo com a arqueóloga Kara Cooney, na época egípcia (c. 3150-2600 a.C.) eles acreditavam tanto na sabedoria das mulheres, que em momentos de crises politicas, elas ocupavam o poder. A mais famosa rainha foi Hatshepsut, filha e esposa de Tutmés I, da 18ª Dinastia. Ela governou o Egito por 20 anos em uma era de prosperidade econômica e clima de paz (c. 1470-1450 a.C.). O Egito antigo teve diversas rainhas representando o matriarcado social, de divindade e poder. E Cleópatra VII (69-30 a.C.) a rainha-faraó mais célebre da história, mesmo sendo de linhagem grega, deu continuidade a costumes egípcios milenares em que mulheres ascenderam ao poder e desenvolveram conhecimentos.

Na transição histórica da época paleolítica para a época Grega, houve uma revolução masculina contra o matriarcado. Os homens se viram mais fortes fisicamente do que as mulheres, cansados de serem meros provedores da fertilização, caça e da guerra, deu-se início a uma rebelião contra o matriarcado e a divindade feminina. Eles não tinham a divindade de procriar e/ou gerar filhos, a única coisa que tinham era a força bruta. Daí começa a revolução contra as mulheres, surgindo o patriarcado. Matando todas as mulheres que não se submetiam a eles, aceitando-os como seus senhores e único homem. Elas não podiam ter mais de um homem, mas eles podiam ter várias mulheres. E se tornaram detentores de poderes e palavras. Ali se iniciava a era patriarcal, na qual as mulheres só podiam pertencer a um único homem e o mesmo detinha poderes sobre ela. Impondo leis e punições às mulheres que não as seguiam. Leis como virgindade, monogamia, obediência e submissão e o não cumprimento dessas leis variavam em diferenças instâncias de castigos até a morte.

De acordo com Aristóteles o grande filósofo grego (322 a.C. a 384 a.C.) já explicava a submissão das mulheres aos homens. Ele dizia que os homens as faziam submissas por se acharem superiores a elas. E justamente por se acharem superiores, todas as vontades do casal eram ditadas pelos homens. Segundo ele, elas não poderiam conduzir seus desejos e as relações com outros, pois quem cumpria o papel de sobrepujá-las era o homem.

Já na época medieval, as mulheres ainda eram vistas como propriedades dos homens. Eles tinham o direito sobre seus corpos e sobre os castigos os quais os homens que as possuíam achassem necessário. E esses castigos variavam de acordo com a decisão "de seu dono", dependendo do julgamento, elas poderiam ficar sem comer, ficar trancadas, serem espancadas, mutiladas, estupradas e até mortas se seu progenitor assim o quisesse. Ocorreu um dos maiores genocídios contra o sexo feminino conhecido como a "caça às bruxas". A sociedade patriarcal da época era rigidamente controlada pelo poder religioso da Igreja Católica Apostólica Romana, que desempenhava um papel central na vida espiritual e social das pessoas. A Igreja, ao impor suas doutrinas, via as mulheres como seres naturalmente pecaminosos e perigosos, associando-as frequentemente ao mal e à tentação. Mulheres que demonstravam qualquer forma de conhecimento, independência ou poder eram vistas como ameaças à ordem divina estabelecida e, portanto, acusadas de bruxaria. Essas acusações serviam como um meio para silenciar as mulheres que desafiavam as normas patriarcais, transformando-as em alvos de perseguição e execuções públicas, com o propósito de manter o controle social.

À medida que a influência da Igreja se entrelaçava com o poder secular, o Estado começou a institucionalizar essa perseguição. Governos locais e autoridades utilizavam a legislação para formalizar a caça às bruxas, tratando-as como uma ameaça à ordem pública e ao bem-estar da comunidade. Os tribunais, muitas vezes sob influência e pressão religiosa, condenavam mulheres acusadas de bruxaria sem provas substanciais, utilizando métodos brutais para extrair confissões. Esse alinhamento entre a Igreja e o Estado reforçava a ideia de que as mulheres eram propriedades do patriarcado, seres cuja existência devia ser controlada e regulada. Por meio dessas ações, o Estado desempenhava um papel crucial na objetificação das mulheres, utilizando a lei como ferramenta de opressão e submissão.

Em 1669, no final do século XV o inquisidor dominicano James Sprenger saiu em missão na Europa sobre ordem do Papa Inocêncio VIII buscando evidências satânicas nos cidadãos comuns. Esta missão resultou no livro ***Malleus Maleficarum*** ou O Martelo das Bruxas. Ali, ele descrevia como as feiticeiras deveriam ser julgadas e punidas. Fazendo referência aos textos sagrados que mencionavam a criação da mulher, justificando sua inferioridade, em decorrência de a primeira delas ter se formado de uma costela defeituosa de adão, sendo, por tal motivo, um ser vivo imperfeito.

Com o advento do capitalismo, a opressão das mulheres tomou novas formas. O capitalismo emergente demandava uma força de trabalho disciplinada e estruturas sociais que pudessem maximizar a produção e o lucro. Nesse contexto, as mulheres foram progressivamente excluídas das esferas de poder econômico e relegadas a papéis domésticos e reprodutivos, servindo como meros instrumentos para o crescimento econômico. A monogamia, reforçada tanto pela Igreja quanto pelo Estado, surgiu como um mecanismo para controlar a sexualidade e a reprodução feminina, garantindo que as mulheres permanecessem confinadas a lares heteronormativos, onde pudessem ser monitoradas e utilizadas para gerar e cuidar da próxima geração de trabalhadores. Assim, a mulher foi reduzida a um objeto dentro da economia doméstica, sem autonomia ou voz própria.

No século XVI, durante a fase renascentista, as mulheres ainda eram depreciadas, mesmo quando incluídas em algumas atividades econômicas da sociedade. Embora começassem a participar do mercado de trabalho, elas recebiam significativamente menos que os homens e já enfrentavam a chamada "jornada dupla", dividindo-se entre o trabalho remunerado e as responsabilidades domésticas. Essa participação limitada na economia refletia a persistente visão patriarcal de que as mulheres eram subordinadas aos homens, e que seu papel principal continuava a ser o cuidado do lar e da família.

A colonização globalizada no período moderno levou essas ideias de opressão e objetificação a novos territórios. As potências coloniais europeias, munidas de uma visão patriarcal e capitalista, impuseram suas crenças sobre gênero e hierarquia às populações colonizadas. Mulheres indígenas, africanas e asiáticas foram desumanizadas, tratadas como objetos de exploração sexual e laboral. A colonização destruiu muitas das estruturas sociais que, antes da invasão europeia, valorizavam o papel das mulheres em suas comunidades. Ao impor a monogamia, a propriedade privada e o trabalho forçado, os colonizadores perpetuaram a objetificação das mulheres, utilizando-as como recursos a serem explorados tanto economicamente quanto culturalmente. Esse processo global de dominação não só perpetuou a subjugação das mulheres, mas também reforçou a ideia de que elas eram propriedades a serem controladas, manipuladas e descartadas conforme os interesses do colonizador.

Até o século XIX, as mulheres ainda enfrentavam grandes barreiras no acesso à educação formal. Não se tinha registro de mulheres frequentando universidades, pois a educação superior era reservada exclusivamente aos homens. A única profissão disponível às mulheres era a de parteira, mas até essa prática foi gradualmente tomada pelos homens, à medida que o avanço da medicina científica, dominada por homens, se consolidava. Isso representou mais um golpe na autonomia feminina, já que as mulheres foram afastadas até mesmo das práticas que historicamente lhes pertenciam, sendo cada vez mais excluídas das esferas do saber e do poder.

Em meio à revolução francesa (século XVIII) a escritora Olympe de Gouges, pseudônimo de Marie Gouze, foi uma das maiores defensoras dos direitos das mulheres. Em sua obra, Declaração dos Direitos da Mulher e da Cidadã de setembro de 1791, opôs-se ao patriarcado da época. Ela foi sentenciada à morte e guilhotinada em 1739, sob a acusação de ter deixado de lado os benefícios do seu gênero e tentar ser um homem de Estado. Mesmo com sua morte, as mulheres francesas não se calaram e deu-se o início histórico da luta das mulheres por seus direitos, como o voto das mulheres, iniciando o movimento feminista. O movimento começa a ser visto como uma ação politica organizada.

Com a chegada da Revolução Industrial no século XIX e o avanço do capitalismo, o mundo enfrentou uma rápida transformação econômica e social. As fábricas proliferavam e a produção em massa se tornava o motor das economias exigindo uma vasta força de trabalho para sustentar esse crescimento. Neste cenário, as mulheres foram gradualmente introduzidas no mercado de trabalho, mas essa inclusão não ocorreu pela valorização de seus talentos ou por uma busca por igualdade. Em vez disso, foi uma resposta pragmática à necessidade de expandir a força de trabalho disponível, diante da demanda crescente por produção.

No entanto, mesmo inseridas no mercado de trabalho, as mulheres continuaram a ser marginalizadas. Recebiam salários significativamente menores do que os homens, sob a justificativa de que seu trabalho era complementar ao dos homens, e não o principal sustento da família. Essa discriminação salarial era baseada na crença de que os homens eram os únicos responsáveis por sustentar o lar, enquanto as mulheres deveriam se concentrar no cuidado da casa e dos filhos. A noção de que o trabalho feminino era de menor valor foi uma constante ao longo desse período, reforçando a ideia de que as mulheres eram secundárias na hierarquia econômica.

Esse cenário levou ao surgimento da Primeira Onda do movimento feminista no final do século XIX e início do XX. As feministas dessa época concentraram seus esforços na conquista de direitos fundamentais, como o direito ao voto, à educação e à propriedade. A luta pelo sufrágio foi uma das batalhas mais emblemáticas, pois representava a busca das mulheres por reconhecimento como cidadãs plenas, capazes de influenciar as decisões políticas de suas nações. A conquista do direito ao voto em vários países foi um marco importante, que começou a desafiar a ideia de que as mulheres deveriam ser meramente apêndices dos homens na esfera pública.

Apesar desses avanços, a igualdade plena ainda estava distante. A entrada das mulheres no mercado de trabalho não trouxe consigo a valorização de seu papel, mas sim uma nova forma de exploração. As condições de trabalho nas fábricas eram duras, com longas jornadas, ambiente insalubre e pouca segurança. Além disso, as mulheres continuavam a enfrentar a dupla jornada, dividindo-se entre o trabalho remunerado e as responsabilidades domésticas, sem qualquer reconhecimento ou apoio. Essa sobrecarga refletia a persistência de uma estrutura patriarcal que via as mulheres como principais responsáveis pelo cuidado do lar, independentemente de sua participação no mercado de trabalho.

A Segunda Onda do feminismo, que ganhou força nas décadas de 1960 e 1970, ampliou o escopo das reivindicações feministas, abordando questões como direitos reprodutivos, igualdade no trabalho e combate à violência de gênero. As feministas dessa época foram influenciadas por uma compreensão mais profunda das interseções entre opressão de gênero e outras formas de opressão, como a raça e a classe. Elas argumentavam que as mulheres deveriam ter controle sobre seus corpos, direito à igualdade salarial e proteção contra a violência doméstica. Foi nessa época que se consolidou a ideia de que "o pessoal é político", reconhecendo que as experiências privadas das mulheres estavam intimamente ligadas às estruturas públicas de poder.

A Segunda Onda trouxe avanços significativos, como a criação de legislações mais favoráveis às mulheres e o aumento da conscientização sobre a violência de gênero. No entanto, apesar dessas conquistas, muitas das barreiras enfrentadas pelas mulheres continuaram a existir. A disparidade salarial persistia, e a violência contra as mulheres, longe de ser erradicada, continuava a ser um problema endêmico em muitas sociedades. A luta por direitos reprodutivos também encontrou forte resistência, refletindo a contínua tentativa de controlar o corpo feminino por meio de leis e políticas restritivas.

Em 2024, século XXI, muitas dessas questões ainda não foram completamente resolvidas. As mulheres conquistaram espaço em diversos setores da sociedade, mas a desigualdade persiste. A dupla jornada de trabalho permanece como uma realidade para muitas mulheres, que, além de desempenharem funções no mercado de trabalho, ainda são as principais responsáveis pelo cuidado da casa e da família. Essa sobrecarga é uma das muitas maneiras pelas quais a sociedade patriarcal continua a explorar as mulheres, exigindo delas um esforço desproporcional sem o devido reconhecimento ou apoio.

Além disso, a violência de gênero continua a ser uma realidade brutal. Apesar de legislações como a Lei Maria da Penha no Brasil, que foi um marco importante na proteção das mulheres contra a violência doméstica, os índices de feminicídio permanecem alarmantes. As mulheres podem não ser mais queimadas como bruxas, mas ainda são mortas, espancadas e violentadas de outras maneiras. A violência contra as mulheres, especialmente no contexto doméstico, é uma manifestação extrema da misoginia que ainda permeia nossa sociedade.

A continuidade dessa violência evidencia que, apesar dos avanços legais e sociais, as bases do patriarcado ainda estão profundamente enraizadas. As leis, por si só, não conseguem transformar uma cultura que durante séculos tratou as mulheres como inferiores e subordinadas aos homens. É necessário um esforço contínuo e multifacetado para desmantelar as estruturas que perpetuam a violência de gênero e garantir que as mulheres possam viver em segurança e com dignidade.

Em última análise, a história das mulheres no mercado de trabalho e na sociedade em geral é uma história de lutas e conquistas, mas também de desafios persistentes. A luta pela igualdade e pelo reconhecimento pleno das mulheres como cidadãs de primeira classe continua. Em 2024, é evidente que, embora tenhamos avançado, a batalha está longe de ser vencida. As mulheres ainda enfrentam uma sociedade que, em muitos aspectos, continua a vê-las como menos merecedoras de direitos e proteção, um reflexo das mesmas dinâmicas que já estavam presentes nos tempos de Aristóteles e que continuam a moldar a realidade atual.

A Opressão e Resistência das Mulheres

A opressão das mulheres é um fenômeno que remonta a estruturas históricas e culturais profundamente enraizadas. Desde as sociedades antigas até os dias atuais, as mulheres têm enfrentado diversas formas de opressão, muitas vezes relacionadas a normas patriarcais e desigualdades de gênero. Segundo Silvia Federici (2017), a opressão das mulheres é intrinsecamente ligada ao capitalismo e ao patriarcado, que historicamente submetem as mulheres ao domínio masculino e à exploração econômica (FEDERICI, 2017).

Na Antiguidade, as mulheres eram frequentemente confinadas a papéis subalternos e suas contribuições eram desvalorizadas em muitas sociedades. De acordo com a historiadora Mary Beard (2017), as mulheres da Roma antiga, por exemplo, eram geralmente excluídas dos espaços políticos e eram relegadas a papéis domésticos e familiares (BEARD, 2017). Essa exclusão histórica ajudou a moldar um contexto no qual as mulheres foram sistematicamente desvalorizadas e marginalizadas.

Com o advento do Cristianismo, as normas patriarcais foram reforçadas, moldando ainda mais a opressão das mulheres. Joan Scott (2014) discute como o Cristianismo institucionalizou a desigualdade de gênero ao promover uma visão de mulher como inferior e submissa, perpetuando ideais de moralidade que restringiram a liberdade feminina (SCOTT, 2014). Essas normas foram incorporadas às estruturas legais e sociais, afetando negativamente a posição das mulheres na sociedade.

Durante a Idade Média, a resistência feminina começou a emergir em formas sutis e, por vezes, clandestinas. Segundo Margo Melville (2019), as mulheres se envolveram em práticas de resistência que incluíam desde o desafio às normas de gênero até a formação de redes de apoio e solidariedade (MELVILLE, 2019). Essas formas de resistência, embora muitas vezes invisíveis, foram cruciais para a formação de uma consciência coletiva sobre a desigualdade.

O período da Revolução Industrial trouxe novas dimensões para a opressão das mulheres, particularmente nas áreas urbanas. De acordo com a socióloga Christine Stansell (2015), a industrialização resultou em uma massiva entrada de mulheres no mercado de trabalho, mas frequentemente em condições precárias e desiguais em relação aos homens (STANSELL, 2015). A exploração econômica das mulheres foi um reflexo das desigualdades sistêmicas que prevaleciam na sociedade.

No Brasil, a luta pela igualdade de gênero tem trajetória própria, com destaque para as vozes feministas que desafiaram as normas patriarcais. A socióloga Angela Davis (2017) destaca a importância da luta das mulheres negras no Brasil, que enfrentaram não apenas o racismo, mas também a opressão de gênero, criando um espaço para a resistência por meio da cultura e da política (DAVIS, 2017). Essa resistência foi fundamental para a construção de uma consciência crítica sobre a interseccionalidade das opressões.

A década de 1960 marcou um ponto de virada significativo com a emergência do movimento feminista. No Brasil, autores como Sônia P. Silva (2020) destacam como o movimento feminista brasileiro começou a questionar abertamente as desigualdades e a lutar por direitos básicos, como o direito ao voto e à educação (SILVA, 2020). Esse movimento foi crucial para a mobilização política e social das mulheres no país.

O conceito de "violência de gênero" tornou-se central nas discussões sobre a opressão feminina. A pesquisadora Reni S. Rodrigues (2022) discute como a violência de gênero é uma manifestação direta da desigualdade e como políticas públicas devem ser implementadas para combater essas formas de violência (RODRIGUES, 2022). A violência de gênero inclui não apenas agressões físicas, mas também psicológicas e simbólicas, que afetam profundamente a vida das mulheres.

Na atualidade, a resistência das mulheres continua a se manifestar de várias formas, incluindo a luta por direitos iguais no mercado de trabalho e a contestação dos padrões estéticos impostos. A professora Rita de Cássia (2023) aborda como a pressão estética e a desigualdade salarial ainda são desafios significativos para as mulheres, evidenciando a necessidade de uma luta contínua por equidade (CÁSSIA, 2023).

A educação é uma ferramenta fundamental na luta pela igualdade de gênero. Segundo Nádia M. Lima (2021), a promoção da educação e do empoderamento das mulheres são cruciais para enfrentar a opressão e criar uma sociedade mais justa (LIMA, 2021). A educação não apenas proporciona oportunidades econômicas, mas também ajuda a desafiar normas e estereótipos prejudiciais.

A interseccionalidade é uma abordagem importante para entender a complexidade da opressão das mulheres. A pesquisadora Patricia Hill Collins (2019) argumenta que a análise das múltiplas identidades e opressões que as mulheres enfrentam é essencial para uma compreensão abrangente das desigualdades (COLLINS, 2019). Essa perspectiva permite uma abordagem mais holística para a luta contra a opressão.

A resistência das mulheres é uma força poderosa e transformadora. A pesquisadora bell hooks (2015) ressalta que, apesar das múltiplas formas de opressão, as mulheres têm historicamente demonstrado uma resiliência notável e capacidade de criar mudanças significativas na sociedade (HOOKS, 2015). A luta pela igualdade de gênero é um esforço coletivo e contínuo que exige participação e solidariedade de todos.

A Socialização de Gênero na Infância

Desde a infância, as meninas são condicionadas a aceitar papéis subalternos, moldadas para caber nos estreitos espaços que a sociedade patriarcal lhes destina. Somos como árvores jovens, cuidadosamente podadas e moldadas para caber em jardins apertados, onde o espaço para crescer livremente é negado. A poda começa cedo, com as histórias que nos contam, os brinquedos que nos dão e as expectativas que nos impõem. Enquanto os meninos são incentivados a explorar o mundo, a correr livremente e a se aventurar além dos limites do lar, as meninas são ensinadas a cuidar da casa, a esperar pelo príncipe encantado e a sonhar com um futuro que depende do outro, e não de si mesmas.

As histórias infantis desempenham um papel crucial nessa formação. Nos contos de fadas, as princesas são frequentemente retratadas como passivas, à espera de serem resgatadas por um príncipe corajoso. Essas narrativas reforçam a ideia de que o valor de uma mulher está em sua capacidade de atrair e manter o afeto de um homem, e que seu destino é ser salva, não salvar a si mesma. Desde pequenas, somos condicionadas a acreditar que nossa felicidade depende de encontrar alguém que nos resgate, que nos tire de uma vida de silêncio e conformidade. Enquanto isso, os meninos são alimentados com histórias de aventuras e conquistas, nas quais são os heróis que exploram o mundo e fazem suas próprias regras.

A feminista e crítica cultural bell hooks discute essa questão em seu livro "O Feminismo é Para Todo Mundo". Ela argumenta que as histórias e mitos que nos são contados na infância desempenham papel fundamental na construção de nossa identidade de gênero. Hooks destaca que, ao longo de nossas vidas, somos bombardeadas com imagens e narrativas que nos ensinam a ver o mundo e a nós mesmas por meio de uma lente patriarcal. Esses contos de fadas não são apenas histórias inocentes, mas ferramentas poderosas de socialização que moldam nossas expectativas sobre o que significa ser mulher.

Além dos contos de fadas, a divisão de brinquedos e brincadeiras reforça essa socialização desigual. As meninas são incentivadas a brincar de casinha, imitando as tarefas domésticas e o cuidado com os filhos, enquanto os meninos são encorajados a jogar bola, brincar de carrinho e explorar o mundo externo. Brincar de casinha ensina as meninas a se prepararem para um futuro de cuidado e sacrifício, enquanto os meninos, ao jogarem bola, aprendem a competir, a liderar e a conquistar. Essa divisão é mais do que uma simples escolha de lazer; é um reflexo das expectativas de gênero que moldam o comportamento desde a infância.

Essa divisão de papéis, desde o início da vida, cria uma desigualdade estrutural que perpetua a opressão das mulheres ao longo da vida. Enquanto os meninos crescem com a confiança de que podem conquistar o mundo, as meninas muitas vezes crescem com a crença de que seu papel é apoiar os outros em suas conquistas. Esse condicionamento é sutil, mas profundamente eficaz, levando as mulheres a aceitarem papéis subalternos sem questionar, a se contentarem com menos e a internalizarem a ideia de que sua voz e seus desejos são menos importantes.

A filósofa francesa Simone de Beauvoir, em sua obra seminal "O Segundo Sexo", explora essa construção social da feminilidade. Beauvoir argumenta que as mulheres não nascem mulheres, mas tornam-se mulheres por meio de um processo de socialização que as condiciona a ocupar posições subordinadas. Ela critica a maneira como as mulheres são ensinadas a ver a si mesmas como "o outro", uma categoria definida em relação ao homem, que é visto como o padrão ou o sujeito universal. Essa visão é internalizada desde a infância, criando uma autoimagem de inferioridade e dependência.

No entanto, essa história não é apenas de opressão, mas também de resistência. Cada vez que uma mulher desafia esses papéis, ergue-se uma nova forma de resistência. Quando uma de nós se levanta e recusa o papel que lhe foi imposto, ela não apenas liberta a si mesma, mas também abre caminho para outras seguirem. A resistência das mulheres é coletiva e poderosa, construída tijolo por tijolo, até que essas paredes de conformidade se tornem intransponíveis para o patriarcado. Cada ato de rebeldia, por menor que seja, é um tijolo a mais nesse muro de resistência.

A escritora e ativista Audre Lorde, em seu ensaio *The Master's Tools Will Never Dismantle the Master's House*, enfatiza a importância da resistência coletiva e da solidariedade entre as mulheres. Lorde argumenta que, para superar o patriarcado e outras formas de opressão, as mulheres precisam reconhecer suas diferenças e se unir em torno de uma luta comum. Ela desafia a ideia de que as mulheres devem se conformar aos papéis tradicionais e destaca a necessidade de criarem novas formas de pensar e agir que sejam verdadeiramente emancipadoras.

Além das histórias, as mulheres estão redefinindo o que significa brincar de casinha. Muitas de nós estão questionando o valor de um modelo de vida que nos prende ao lar e ao cuidado exclusivo dos outros, e estão criando novas formas de viver e trabalhar que refletem nossos verdadeiros desejos e ambições. Ao recusarem a dupla jornada de trabalho e a carga emocional que nos é imposta, as mulheres estão reivindicando o direito de ser livres e plenas, tanto no espaço público quanto no privado. Esta é uma forma de resistência que desafia diretamente as expectativas de gênero e cria novas possibilidades para o futuro.

A socióloga americana Arlie Hochschild, em sua obra *The Second Shift*, examina a dupla jornada de trabalho que muitas mulheres enfrentam, dividindo-se entre o trabalho remunerado e as responsabilidades domésticas. Hochschild argumenta que, apesar dos avanços em direção à igualdade de gênero, as mulheres continuam a carregar a maior parte do peso do trabalho doméstico, o que limita sua capacidade de competir em igualdade de condições no mercado de trabalho. Essa "segunda jornada" é uma das muitas maneiras pelas quais o patriarcado mantém as mulheres em uma posição de desvantagem.

Apesar dessas formas de resistência, a opressão persiste. Em 2024, as mulheres ainda enfrentam violência de gênero, discriminação salarial e sobrecarga de responsabilidades domésticas. Embora não sejamos mais queimadas como bruxas, somos ainda mortas, espancadas e silenciadas de outras maneiras. A violência contra as mulheres, especialmente o feminicídio, continua a aumentar, mesmo com a existência de leis como a Maria da Penha no Brasil. Isso mostra que, apesar dos avanços, o patriarcado ainda exerce controle poderoso sobre nossas vidas.

A feminista nigeriana Chimamanda Ngozi Adichie, em seu ensaio "Sejamos Todos Feministas", destaca a persistência da desigualdade de gênero e a necessidade de uma mudança cultural profunda. Adichie argumenta que, embora as mulheres tenham conquistado muitos direitos ao longo do século XX, a verdadeira igualdade só será alcançada quando a sociedade como um todo reconhecer o valor intrínseco das mulheres e repudiar todas as formas de opressão de gênero. Ela chama a atenção para a importância de educar as futuras gerações de meninas e meninos de maneira igualitária, para que ambos possam crescer livres das restrições de gênero.

Mas a resistência das mulheres é inquebrável. Cada conquista, cada avanço, cada pequena vitória é uma prova de que a luta vale a pena. E enquanto continuarmos a nos levantar, a nos apoiar mutuamente e a resistir, o muro que construímos se torna cada vez mais forte. Este muro de resistência é nossa proteção, nossa força, e nosso legado para as gerações futuras. Porque, no fim, a opressão que enfrentamos é grande, mas a resistência que construímos é ainda maior. E, como disse bell hooks, o feminismo é para todo mundo, porque na luta pela igualdade, todos têm a ganhar.

A Centralidade do Homem no Universo das Mulheres

O homem não deveria ser o centro do universo das mulheres, mas, como a literatura feminista e sociológica já demonstrou, para muitas mulheres ele ainda ocupa esse lugar central devido à socialização patriarcal e às estruturas da sociedade em que vivemos. Essa centralidade, que perpetua a desigualdade de poder entre os gêneros, tem sido objeto de estudo de várias teóricas feministas, como Simone de Beauvoir, Heleieth Saffioti, Judith Butler, e bell hooks, que exploram como a identidade e a vida das mulheres são moldadas em função das expectativas e demandas masculinas.

Desde a infância, as mulheres são socializadas para ver os homens como figuras centrais em suas vidas. Simone de Beauvoir, em sua obra O Segundo Sexo (1949), argumenta que as mulheres são educadas para se verem como "o outro", enquanto os homens são o sujeito, o centro. Essa socialização é reforçada por práticas culturais, educativas e religiosas que colocam as necessidades e desejos masculinos acima dos femininos.

Essa construção social é criticada por Heleieth Saffioti, que em Gênero, Patriarcado e Violência (1995), descreve como o patriarcado não apenas sustenta a centralidade masculina, mas também perpetua a violência de gênero como mecanismo de controle social. As mulheres, ensinadas a se definirem em relação aos homens acabam internalizando uma visão de mundo em que sua própria identidade e valor são subordinados à aprovação e ao desejo masculino.

A centralidade dos homens na vida das mulheres, muitas vezes, resulta em um ciclo de dependência emocional que pode levar à violência. Lenore Walker (1979), ao descrever o ciclo da violência doméstica, destaca como as mulheres podem se sentir aprisionadas em relações abusivas, em que a violência é seguida por fases de reconciliação e culpa, reforçando a ideia de que sua vida e valor estão intimamente ligados à continuidade daquela relação.

Judith Butler, em Problemas de Gênero (1990), explora como as normas de gênero, construídas em torno dessa centralidade masculina, criam padrões de comportamento que são difíceis de romper. Mulheres são socialmente condicionadas a aceitar a violência como parte normalizada de suas relações, muitas vezes confundindo submissão com amor, devido à socialização que lhes ensina a amar incondicionalmente, independentemente do abuso.

A Educação Brasileira e o Reforço nos Papéis de Gênero

A educação brasileira desempenha um papel crucial na reprodução e manutenção dos papéis de gênero estabelecidos pela sociedade patriarcal. Desde a infância, as escolas atuam como um espaço de socialização onde as crianças internalizam normas e expectativas de gênero que influenciam seu comportamento e suas escolhas futuras. De acordo com Pierre Bourdieu, em sua obra "A Dominação Masculina" (1998), a escola é um dos principais aparelhos ideológicos do Estado que contribui para a reprodução das desigualdades sociais, incluindo as de gênero, ao reforçar práticas que naturalizam a superioridade masculina e a submissão feminina.

Um exemplo claro disso está na diferenciação entre atividades "masculinas" e "femininas" nas escolas, que perpetua a ideia de que certas habilidades ou áreas de conhecimento são mais adequadas para um gênero do que para o outro. Estudos de Marília Carvalho em "Gênero e Educação: Teoria e Política" (2003) mostram que, desde cedo, meninos são incentivados a explorar áreas como matemática e ciências exatas, enquanto as meninas são direcionadas para áreas como artes e linguagens, reforçando estereótipos de gênero que limitam as possibilidades de desenvolvimento pessoal e profissional das mulheres.

Além disso, a linguagem utilizada no ambiente escolar e nos materiais didáticos também desempenha um papel importante na manutenção desses papéis de gênero. Autores como Nelly P. Stromquist, em *Feminist Theories and Education* (2006), destacam como os livros didáticos muitas vezes apresentam homens em papéis de liderança e ação, enquanto as mulheres são retratadas em papéis passivos ou de suporte. Esse tipo de representação não apenas reflete a divisão de papéis de gênero na sociedade, mas também contribui para sua perpetuação, ao não oferecer às meninas modelos de comportamento alternativos ou possibilidades de identificação com papéis mais assertivos e autônomos.

Paulo Freire, em "Pedagogia do Oprimido" (1968), também discute como o sistema educacional pode ser uma ferramenta de opressão, mas oferece uma perspectiva de resistência. Ele sugere que a educação deve ser um processo de conscientização que permita aos indivíduos questionar e transformar as estruturas opressivas. No entanto, na prática, o modelo educacional dominante no Brasil tem sido criticado por sua falta de ênfase na crítica às desigualdades de gênero, perpetuando, assim, um ciclo de opressão.

A divisão sexual do trabalho também é reforçada na educação brasileira, como apontado por Heleieth Saffioti em "A Mulher na Sociedade de Classes: Mito e Realidade" (1976). Ela argumenta que a educação, ao reforçar os papéis de gênero, prepara meninas para funções domésticas e de cuidado, enquanto os meninos são preparados para o mercado de trabalho, contribuindo para a perpetuação das desigualdades de gênero na sociedade. Essa divisão educacional reflete a estrutura patriarcal que vê o espaço público como domínio masculino e o espaço privado como domínio feminino.

A segregação de gênero na educação não se limita às atividades escolares, mas também se manifesta na orientação vocacional oferecida às estudantes. Em "Gênero e Trabalho no Brasil: Novas Conquistas ou Velhas Armadilhas?" (2002), Elisabeth Souza-Lobo analisa como as expectativas de gênero influenciam as escolhas profissionais das mulheres, limitando-as a áreas tradicionalmente femininas, como ensino, enfermagem e secretariado, e afastando-as de áreas consideradas masculinas, como engenharia e tecnologia. Essa orientação vocacional enviesada perpetua a segregação ocupacional e a desigualdade salarial entre homens e mulheres.

A educação sexual nas escolas brasileiras é outro aspecto que reforça os papéis de gênero. Segundo Guacira Lopes Louro em "Gênero, Sexualidade e Educação: Uma Perspectiva Pós-Estruturalista" (1997), a forma como a sexualidade é abordada nas escolas frequentemente reforça normas heteronormativas e papéis de gênero tradicionais. As discussões sobre sexualidade raramente desafiam as normas de gênero e muitas vezes reforçam a ideia de que as meninas devem ser passivas e os meninos ativos em suas expressões de sexualidade, contribuindo para a perpetuação de estereótipos de gênero.

Ainda no contexto educacional, a violência de gênero nas escolas é um problema significativo que reflete e reforça as desigualdades de gênero. Autores como Miriam Abramovay e Mary Castro, em "Violência nas Escolas" (2004), discutem como o ambiente escolar pode ser um espaço onde a violência de gênero é naturalizada, seja por meio do bullying, do assédio sexual ou da discriminação baseada em gênero. Essa violência tem impacto profundo no desempenho acadêmico e na autoestima das alunas, perpetuando a opressão e limitando suas oportunidades futuras.

É importante mencionar as políticas educacionais que tentam combater essas desigualdades. Embora haja iniciativas para promover a igualdade de gênero na educação, como a introdução de temas de gênero nos currículos escolares, esses esforços muitas vezes enfrentam resistência. Como observado por Regina Dalcastagnè em "Literatura e Gênero: Textos e Leituras" (2010), a inclusão de discussões sobre gênero na educação é essencial para desafiar os estereótipos e promover uma educação mais igualitária, mas essas iniciativas precisam de apoio institucional e cultural para serem eficazes.

A educação brasileira, ao reforçar os papéis de gênero, contribui para a perpetuação das desigualdades de gênero na sociedade. No entanto, como apontado por diversos autores, a educação também tem o potencial de ser uma ferramenta de resistência e transformação, desde que se comprometa a questionar e desafiar as estruturas opressivas que sustentam a desigualdade de gênero. É fundamental que o sistema educacional brasileiro adote uma abordagem crítica que promova a igualdade de gênero e capacite todos os alunos, independentemente de seu gênero, a alcançar seu pleno potencial.

CAPÍTULO

2

A Adolescência Consolidando Papéis de Gênero

A adolescência é um período crucial para a consolidação dos papéis de gênero, em que as normas sociais começam a se solidificar de forma mais intensa, reforçando a opressão de gênero. Durante essa fase, meninos e meninas são expostos a expectativas diferenciadas, que moldam suas identidades e comportamentos de acordo com os estereótipos de gênero estabelecidos pela sociedade. Judith Butler (1990), em sua obra *Gender Trouble: Feminism and the Subversion of Identity*, argumenta que o gênero é uma performance, e na adolescência, essa performance é intensificada pela pressão para se conformar às normas sociais que ditam como meninos e meninas devem se comportar.

Nas meninas, a adolescência marca o início de uma forte pressão estética, que tem como objetivo enquadrá-las nos padrões de beleza idealizados pela sociedade patriarcal. Naomi Wolf, em *The Beauty Myth* (1991), explora como as mulheres, a partir da adolescência, são socializadas para acreditar que seu valor está intrinsecamente ligado à sua aparência física. Essa pressão estética não é apenas superficial; ela é uma forma de controle social que limita as oportunidades das mulheres e perpetua sua subordinação, uma vez que o tempo e os recursos que poderiam ser direcionados para o desenvolvimento intelectual e profissional são desviados para a busca incessante por padrões inatingíveis de beleza.

Paralelamente, os meninos adolescentes são inseridos em um contexto que reforça o machismo estrutural. Pierre Bourdieu, em "A Dominação Masculina" (1998), descreve como o habitus masculino é moldado desde cedo para naturalizar a superioridade masculina e a submissão feminina. Durante a adolescência, os meninos são incentivados a adotar comportamentos que enfatizam a virilidade, a competitividade e a dominação sobre os outros, particularmente sobre as mulheres. Essas expectativas criam um ambiente no qual a agressividade e a objetificação das mulheres são normalizadas, perpetuando o ciclo de violência de gênero.

A mídia é fundamental na consolidação desses papéis de gênero durante a adolescência. Em *Media, Gender and Identity* (2008), David Gauntlett argumenta que os adolescentes são fortemente influenciados pelas representações de gênero na mídia, que reforçam estereótipos tradicionais e perpetuam a desigualdade de gênero. A mídia promove uma imagem de masculinidade ligada ao poder e à violência, enquanto as mulheres são retratadas como objetos de desejo, cuja principal função é agradar os homens. Esse tipo de representação molda as percepções dos adolescentes sobre si mesmos e sobre o que é esperado de cada gênero.

A educação escolar também contribui para a perpetuação dos papéis de gênero durante a adolescência. Heleieth Saffioti (1976), em "A Mulher na Sociedade de Classes: Mito e Realidade", aponta que as escolas, em vez de serem um espaço de emancipação, muitas vezes reforçam as desigualdades de gênero por meio de práticas pedagógicas e currículos que reproduzem estereótipos sexistas. Durante a adolescência, os meninos são frequentemente encorajados a explorar áreas como ciências e tecnologia, enquanto as meninas são direcionadas para carreiras que são vistas como uma extensão de seus papéis tradicionais de cuidadoras, como o ensino e a enfermagem.

No campo das relações interpessoais, a adolescência também é um período em que as dinâmicas de poder entre os gêneros se intensificam. Como argumenta Connell (1995) em *Masculinities*, os meninos são socializados para ver as relações com as meninas através de uma lente de poder e controle, o que pode levar à normalização de comportamentos abusivos e ao reforço da ideia de que a masculinidade está associada à dominação. Essa socialização contribui para a perpetuação do machismo e da violência de gênero na vida adulta.

A pressão para a conformidade estética nas meninas adolescentes é acompanhada por uma crescente vigilância do corpo feminino, que começa a ser objetificado desde cedo. Bordo (1993), em *Unbearable Weight: Feminism, Western Culture, and the Body*, explora como a cultura ocidental impõe padrões de beleza que controlam e disciplinam o corpo feminino, começando na adolescência. Esse processo não só limita a liberdade das mulheres, mas também as torna vulneráveis a distúrbios alimentares e a uma autoimagem negativa, perpetuando a opressão de gênero através do controle do corpo.

O início da vida sexual é outro aspecto da adolescência no qual os papéis de gênero são reforçados de forma desigual. Michele Barrett e Mary McIntosh (1982), em *The Anti-Social Family*, discutem como as expectativas sociais sobre a sexualidade masculina e feminina são profundamente enraizadas em normas patriarcais. Enquanto os meninos são encorajados a explorar sua sexualidade de maneira ativa e muitas vezes agressiva, as meninas são ensinadas a ser passivas e a evitar comportamentos que possam comprometer sua reputação. Essa dualidade cria um ambiente onde a sexualidade feminina é controlada e regulada, enquanto a masculina é incentivada, perpetuando a desigualdade de gênero.

As relações de poder dentro da família também influenciam a consolidação dos papéis de gênero durante a adolescência. Silvia Federici, em *Caliban and the Witch* (2004), argumenta que a família é uma das principais instituições nas quais as normas de gênero são reproduzidas e mantidas. Durante a adolescência, as meninas são muitas vezes preparadas para assumir responsabilidades domésticas, enquanto os meninos são incentivados a buscar independência e sucesso fora de casa. Essa divisão de responsabilidades perpetua a desigualdade de gênero, preparando as meninas para papéis subalternos na vida adulta.

Por fim, a adolescência é um período em que os jovens começam a internalizar as estruturas de poder que moldarão suas vidas adultas. Bell hooks (2000), em *Feminism is for Everybody*, defende que a educação feminista deve começar na adolescência para desafiar essas normas opressivas e promover a igualdade de gênero. No entanto, sem intervenção crítica durante essa fase, os adolescentes tendem a internalizar e reproduzir os papéis de gênero que perpetuam a opressão, mantendo o ciclo de desigualdade que caracteriza a sociedade patriarcal.

A Ausência de Educação Sexual nas Escolas, e o Alto Índice de Gravidez

A ausência de educação sexual nas escolas brasileiras é um fator determinante para o aumento da gravidez na adolescência. Segundo Vilela (2019), a falta de programas estruturados que abordem a sexualidade de maneira clara e educativa nas instituições de ensino resulta em um grande déficit de conhecimento entre os jovens. Este cenário contribui diretamente para a desinformação sobre práticas sexuais seguras, como o uso correto de contraceptivos, e para o desconhecimento dos direitos reprodutivos, aumentando assim o risco de gravidezes não planejadas entre adolescentes.

Essa lacuna educacional, como destaca Figueiredo (2020), é particularmente problemática em regiões de maior vulnerabilidade social, onde o acesso à informação é ainda mais restrito. A falta de educação sexual não só eleva o índice de gravidez na adolescência, mas também perpetua ciclos de pobreza e exclusão social. Adolescentes grávidas tendem a abandonar os estudos, o que limita suas oportunidades de inserção no mercado de trabalho e perpetua um ciclo de pobreza intergeracional (SILVA; OLIVEIRA, 2021). Esse fenômeno é especialmente preocupante quando se considera o impacto socioeconômico a longo prazo, uma vez que a exclusão educacional e profissional dessas jovens afeta não apenas suas vidas, mas também o desenvolvimento socioeconômico do país como um todo.

Quando analisamos os dados estatísticos disponíveis. De acordo com o Instituto Brasileiro de Geografia e Estatística (IBGE), o Brasil registrou, em 2020, cerca de 400 mil nascimentos de filhos de mães adolescentes, o que representa aproximadamente 17% de todos os nascimentos no país (IBGE, 2020). Esses números são particularmente alarmantes quando comparados com países onde a educação sexual é amplamente disseminada nas escolas, demonstrando a importância dessa prática para a redução dos índices de gravidez precoce.

O Ministério da Saúde (2021) também corrobora essa visão ao apresentar dados que indicam uma correlação direta entre a ausência de programas de educação sexual e o aumento das taxas de gravidez na adolescência. Segundo o Ministério, as regiões Norte e Nordeste, que apresentam os maiores índices de gravidez adolescente, são justamente aquelas onde a educação sexual é menos difundida nas escolas (BRASIL, 2021). Essa discrepância regional sugere que a falta de acesso a informações sobre sexualidade e métodos contraceptivos nas escolas é um dos principais fatores que contribuem para a vulnerabilidade das adolescentes nessas áreas.

Estudos realizados pela Fundação Oswaldo Cruz (Fiocruz) reforçam a importância de uma abordagem sistemática e inclusiva para a educação sexual nas escolas. Uma pesquisa conduzida por Leal et al. (2018) revelou que, nas escolas onde há programas de educação sexual integrados ao currículo, os índices de gravidez na adolescência são significativamente menores. A pesquisa destacou que as adolescentes que recebem informações adequadas sobre sexualidade têm maior probabilidade de utilizar métodos contraceptivos e de adiar o início da vida sexual, resultando em menores taxas de gravidez não planejada (LEAL et al., 2018).

Maria Helena Vilela, uma das principais especialistas em educação sexual no Brasil, argumenta que a educação sexual não é apenas uma ferramenta para a prevenção da gravidez na adolescência, mas também um direito fundamental dos jovens (VILELA, 2019). Em suas pesquisas, Vilela enfatiza que a ausência de programas educativos nas escolas leva à disseminação de mitos e desinformações, o que acaba por expor os adolescentes a riscos maiores de saúde reprodutiva. Segundo Vilela (2019), "a falta de informação correta sobre sexualidade impede que os jovens façam escolhas seguras e conscientes, o que contribui para a perpetuação de problemas de saúde pública, como a gravidez na adolescência e a propagação de doenças sexualmente transmissíveis" (p. 54).

A relevância desses dados se amplia quando consideramos as implicações sociais e econômicas da gravidez na adolescência. Silva e Oliveira (2021) apontam que a gravidez precoce é um dos principais fatores de evasão escolar entre adolescentes, o que compromete suas oportunidades de inserção no mercado de trabalho e perpetua um ciclo de pobreza (SILVA; OLIVEIRA, 2021). Além disso, o custo para o sistema público de saúde é elevado, já que as complicações associadas à gravidez na adolescência, tanto para a mãe quanto para o bebê, exigem uma alocação considerável de recursos do Sistema Único de Saúde (SUS).

Impacto na Saúde Pública

A gravidez na adolescência representa um significativo desafio para a saúde pública no Brasil, sobretudo devido às suas consequências diretas e indiretas sobre o sistema de saúde e a sociedade em geral. A falta de prevenção adequada eleva a demanda por recursos no Sistema Único de Saúde (SUS), que precisa não apenas fornecer atendimento pré-natal, mas também lidar com as diversas complicações associadas à gestação em adolescentes. Segundo o Ministério da Saúde (2021), a gravidez em jovens é frequentemente acompanhada de maior risco de complicações obstétricas, como parto prematuro, pré-eclampsia, e baixo peso ao nascer, o que requer intervenções médicas mais complexas e onerosas (BRASIL, 2021).

O atendimento pré-natal de adolescentes exige uma abordagem multidisciplinar, que envolve não apenas a assistência médica, mas também suporte psicológico e social, dado o impacto emocional e socioeconômico da gravidez precoce. Estudos realizados por Oliveira e Souza (2020) indicam que a adolescência é um período crítico de desenvolvimento físico e emocional, e que a gravidez nesse estágio da vida pode interferir negativamente no bem-estar da jovem mãe, aumentando o risco de depressão pós-parto e outras condições de saúde mental (OLIVEIRA; SOUZA, 2020). Isso gera uma demanda adicional por serviços de saúde mental no SUS, que já enfrenta limitações de recursos.

Além dos custos diretos relacionados ao cuidado médico durante a gestação e o parto, as complicações decorrentes da gravidez na adolescência podem levar a desfechos adversos que impactam tanto a mãe quanto o bebê a longo prazo. Estudos como o de Costa et al. (2019) destacam que filhos de mães adolescentes têm maior probabilidade de apresentar problemas de saúde ao longo da vida, incluindo desnutrição, doenças infecciosas e dificuldades de desenvolvimento (COSTA et al., 2019). Esses desfechos negativos aumentam a demanda por recursos de saúde contínuos, colocando pressão adicional sobre o sistema público de saúde.

Do ponto de vista financeiro, a gravidez na adolescência representa um fardo significativo para o orçamento público. Estudos de Leal e Almeida (2018) revelam que os custos associados ao atendimento de gravidez na adolescência são substancialmente mais elevados do que aqueles relacionados à prevenção. Segundo os autores, o investimento em programas de educação sexual e na distribuição de contraceptivos poderiam reduzir drasticamente as despesas do SUS com complicações gestacionais e neonatais, além de diminuir a carga sobre os serviços de saúde (LEAL; ALMEIDA, 2018). Contudo, a ausência de uma política pública consistente voltada para a educação sexual impede que esses benefícios sejam plenamente alcançados.

A gravidez na adolescência também gera impactos sociais que agravam o cenário de saúde pública. Como apontam Silva e Pereira (2020), adolescentes que engravidam precocemente estão mais propensas a abandonar a escola, o que reduz suas oportunidades de emprego e perpetua um ciclo de pobreza e exclusão social. Essa realidade não afeta apenas as jovens mães, mas também seus filhos, que muitas vezes crescem em contextos de vulnerabilidade socioeconômica, aumentando as desigualdades sociais e a demanda por assistência social e de saúde (SILVA; PEREIRA, 2020).

Acesso a Contraceptivos e Serviços do SUS

O Sistema Único de Saúde (SUS) desempenha um papel crucial na promoção da saúde reprodutiva no Brasil, oferecendo uma série de serviços que incluem a distribuição gratuita de contraceptivos, como preservativos, pílulas anticoncepcionais, dispositivos intrauterinos (DIU) e injeções contraceptivas. Além disso, o SUS realiza palestras e campanhas educativas voltadas para a conscientização sobre saúde sexual e reprodutiva. Esses esforços são essenciais para a prevenção de gravidezes não planejadas, especialmente entre adolescentes. No entanto, apesar desses recursos disponíveis, as adolescentes ainda enfrentam várias barreiras para acessá-los de maneira eficaz.

Uma das principais barreiras é a falta de informação e o acesso inadequado a orientações sobre saúde sexual e reprodutiva. Figueiredo (2019) destaca que, embora o SUS forneça contraceptivos gratuitamente, muitas adolescentes desconhecem a existência desses serviços ou não sabem como acessá-los. A desinformação sobre métodos contraceptivos e seu uso correto continua a ser um desafio significativo, exacerbado pela ausência de educação sexual formal nas escolas (FIGUEIREDO, 2019).

Outro obstáculo importante é o estigma social associado ao uso de contraceptivos por adolescentes. Pesquisas indicam que muitas jovens evitam procurar serviços de saúde reprodutiva por medo de julgamento ou repreensão, tanto por parte dos profissionais de saúde quanto de suas próprias famílias. Esse estigma é amplificado em comunidades mais conservadoras, onde a sexualidade feminina é frequentemente reprimida e associada a conceitos de moralidade. De acordo com Silva e Vieira (2020), esse ambiente de repressão impede que as adolescentes busquem os recursos disponíveis, contribuindo para a persistência de altos índices de gravidez precoce (SILVA; VIEIRA, 2020).

Falta de Investimento em Prevenção

A falta de investimento em prevenção, especialmente na educação sexual, resulta em consequências sociais e econômicas significativas para o Brasil. Um país que não prioriza a educação sexual enfrenta o desafio de lidar com "desastres" decorrentes da falta de informações e cuidados preventivos, incluindo o aumento das taxas de gravidez na adolescência, infecções sexualmente transmissíveis (ISTs), e o impacto subsequente na saúde pública. Estudos mostram que o custo-benefício da educação sexual como política pública preventiva é inegável, e ignorar essa necessidade leva a gastos muito maiores para o sistema de saúde e a sociedade como um todo.

Economistas e sanitaristas apontam que investir em educação sexual resulta em economias substanciais para o sistema de saúde. Segundo Alves e Pereira (2020), para cada real investido em programas de educação sexual, o governo pode economizar múltiplos valores em gastos com saúde pública, que incluem atendimento a complicações durante a gravidez na adolescência, tratamento de ISTs e assistência social para jovens mães. Esses autores destacam que a prevenção é sempre mais barata do que o tratamento das consequências, um princípio básico da economia da saúde (ALVES; PEREIRA, 2020).

A ausência de uma política sólida de educação sexual faz com que o Sistema Único de Saúde (SUS) seja sobrecarregado com demandas evitáveis. Como observa Santos (2019), a falta de educação adequada nas escolas resulta em adolescentes mal-informados, que acabam recorrendo ao SUS para cuidados que poderiam ser evitados com medidas preventivas. Isso inclui desde consultas para a colocação de contraceptivos de emergência até a necessidade de suporte psicológico e social para jovens que enfrentam a maternidade precoce (SANTOS, 2019). Além dos custos financeiros, há também o impacto social: jovens que engravidam na adolescência têm menos chances de completar sua educação formal e alcançar estabilidade econômica, perpetuando ciclos de pobreza e exclusão social.

Outro ponto crítico é o efeito cascata que a falta de investimento em prevenção pode ter em outras áreas do serviço público. Lopes e Carvalho (2021) explicam que os recursos direcionados para lidar com as consequências da falta de educação sexual—como programas de apoio a mães adolescentes e tratamento de ISTs—acabam sendo retirados de outras áreas igualmente importantes da saúde pública. Essa realocação de recursos enfraquece o sistema como um todo, criando vulnerabilidades em setores que também necessitam de atenção, como a saúde mental e a prevenção de doenças crônicas (LOPES; CARVALHO, 2021).

Investir em prevenção, por meio da implementação de programas de educação sexual abrangentes e acessíveis, não é apenas uma questão de saúde pública, mas também uma decisão econômica inteligente. Estudos como o de Barros e Ferreira (2020) demonstram que países que adotam políticas de prevenção robustas, incluindo educação sexual desde o ensino fundamental, conseguem reduzir significativamente os gastos com saúde pública a longo prazo. Além disso, esses países observam redução nas desigualdades sociais e melhoria geral na qualidade de vida da população (BARROS; FERREIRA, 2020).

A falta de investimento em prevenção não só gera um fardo financeiro adicional para o Estado, mas também perpetua problemas sociais que poderiam ser mitigados com uma abordagem mais proativa e informada. A educação sexual deve ser vista como uma política pública fundamental, cujo impacto positivo se estende muito além da saúde reprodutiva, influenciando a equidade de gênero, o desenvolvimento econômico e a justiça social. A transição para o próximo capítulo, que abordará a dupla jornada de mulher e mãe no mercado de trabalho, se faz natural, pois as consequências da falta de prevenção na adolescência muitas vezes acompanham essas mulheres ao longo da vida, afetando sua inserção e permanência no mercado de trabalho.

Maternidade e Carreira

Uma dimensão crítica e frequentemente negligenciada é o efeito que a gravidez precoce tem na vida profissional das mulheres. A dupla jornada de mulher e mãe no mercado de trabalho é um desafio imenso, exacerbado quando a maternidade começa cedo. As jovens mães frequentemente enfrentam barreiras significativas para ingressar e progredir no mercado de trabalho, o que perpetua desigualdades de gênero e socioeconômicas.

Estudos indicam que a gravidez na adolescência agrava as dificuldades de conciliar maternidade e carreira. De acordo com Oliveira e Santos (2021), mulheres que se tornam mães na adolescência enfrentam maiores desafios para completar a educação formal e acessar oportunidades de emprego. Esses desafios não apenas limitam suas perspectivas de carreira, mas também contribuem para uma perpetuação das desigualdades de gênero e socioeconômicas (OLIVEIRA; SANTOS, 2021). A sobrecarga de responsabilidades familiares e a falta de apoio adequado no ambiente de trabalho frequentemente resultam em uma maior dificuldade para alcançar uma equidade de oportunidades no mercado de trabalho.

Desta forma, ao abordarmos o impacto da gravidez precoce no cenário profissional das mulheres, é crucial reconhecer como a falta de uma educação sexual eficaz e políticas públicas de apoio contribuem para uma perpetuação dessas desigualdades. A próxima discussão se aprofundará na realidade da dupla jornada de mulheres que se tornam mães precocemente e as complexidades que enfrentam para equilibrar suas responsabilidades familiares e profissionais, destacando a necessidade urgente de políticas integradas que suportem tanto a educação quanto a carreira das mulheres.

A necessidade urgente de implementar uma educação sexual abrangente e eficaz nas escolas é clara. Investir em educação sexual não apenas promove uma saúde reprodutiva mais segura e informada, mas também atua como estratégia preventiva crucial para mitigar as consequências sociais e econômicas associadas à gravidez na adolescência. Estudos de autores como Figueiredo (2019) e Silva e Oliveira (2019) demonstram que uma abordagem educacional bem estruturada pode resultar em economias significativas para o sistema de saúde e promover uma maior equidade social e econômica (FIGUEIREDO, 2019; SILVA; OLIVEIRA, 2019).

Estudos realizados por Leal e Almeida (2018) reforçam a importância da educação sexual como uma ferramenta crucial para a prevenção da gravidez precoce. Esses pesquisadores apontam que, em contextos que a educação sexual é integrada ao currículo escolar, há uma redução significativa nos índices de gravidez na adolescência. Isso ocorre porque os adolescentes passam a ter acesso a informações sobre métodos contraceptivos e são encorajados a refletir sobre suas escolhas reprodutivas de forma informada e consciente.

Diante disso, a implementação de programas de educação sexual nas escolas é uma medida essencial para romper esse ciclo de desinformação e exclusão. Segundo Nogueira (2019), a educação sexual não se limita à prevenção de doenças sexualmente transmissíveis e gravidez precoce, mas também promove o empoderamento dos jovens ao capacitá-los a fazer escolhas conscientes e seguras sobre sua sexualidade e seus corpos. A falta dessa educação, portanto, não só compromete a saúde dos adolescentes, mas também perpetua desigualdades sociais e econômicas que impactam negativamente o desenvolvimento da sociedade como um todo.

A educação sexual deve ser encarada como uma política pública estratégica e essencial, com o potencial para transformar não apenas a saúde pública, mas também para promover uma sociedade mais equitativa e sustentável. O próximo capítulo explorará como a gravidez precoce influencia a dupla jornada de mulher e mãe no mercado de trabalho, ampliando a discussão sobre como as desigualdades de gênero se perpetuam e como políticas adequadas podem fazer a diferença.

O Mercado de Trabalho e a Maternidade, a Maior Dupla Opressora das Mulheres

O mercado de trabalho historicamente tem sido um ambiente hostil para as mulheres, especialmente para aquelas que são mães. Essa dupla opressão — mercado de trabalho e maternidade — perpetua a desigualdade de gênero e coloca as mulheres em posição de desvantagem em relação aos homens. Simone de Beauvoir, em "O Segundo Sexo", argumenta que a sociedade patriarcal impõe às mulheres a responsabilidade quase exclusiva pelos cuidados domésticos e pela criação dos filhos, o que limita suas oportunidades de desenvolvimento profissional e pessoal (BEAUVOIR, 1967).

A maternidade, muitas vezes romantizada, também é uma forma de controle social que reforça o papel tradicional da mulher como cuidadora. Angela Davis, em "Mulheres, Raça e Classe", explora como o ideal de maternidade é utilizado para confinar as mulheres ao espaço doméstico, enquanto os homens são liberados dessas responsabilidades para se dedicarem à carreira e à vida pública (DAVIS, 2016). A divisão sexual do trabalho, portanto, é uma estratégia de manutenção da dominação masculina, que subordina as mulheres ao poder patriarcal.

A dificuldade das mulheres em conciliar trabalho e maternidade é agravada pela falta de políticas públicas que garantam a elas o apoio necessário. Bell hooks, em *Feminist Theory: From Margin to Center*, discute como a ausência de infraestrutura social, como creches e licenças-maternidade adequadas, perpetua a desigualdade de gênero no mercado de trabalho, pois muitas mulheres são forçadas a escolher entre a carreira e a maternidade (HOOKS, 1984).

Além disso, o mercado de trabalho continua a punir as mulheres pela maternidade, seja por meio da discriminação direta ou indireta. Silvia Federici, em "O Calibã e a Bruxa", argumenta que o capitalismo moderno se baseia na exploração do trabalho reprodutivo, ou seja, do trabalho que as mulheres realizam gratuitamente em casa, que é essencial para a reprodução da força de trabalho (FEDERICI, 2017). No entanto, esse trabalho não é reconhecido nem remunerado, o que coloca as mulheres em uma posição de subordinação.

A chamada "penalidade da maternidade" é outro fator que perpetua a opressão das mulheres no mercado de trabalho. Sheryl Sandberg, em *Lean In*, discute como as mulheres que são mães enfrentam desafios adicionais, como a redução salarial e menores oportunidades de promoção, em comparação aos homens e às mulheres sem filhos (SANDBERG, 2013). Isso cria um ciclo de desvantagem econômica e social que é difícil de quebrar.

Judith Butler, em "Problemas de Gênero", acrescenta que as expectativas de gênero desempenham um papel crucial na manutenção dessas desigualdades. A sociedade espera que as mulheres sejam as principais responsáveis pela criação dos filhos, e essa expectativa é reforçada por normas culturais e sociais que moldam as identidades de gênero desde cedo (BUTLER, 2003). Assim, o mercado de trabalho não é neutro; ele é profundamente influenciado por essas normas de gênero que perpetuam a opressão das mulheres.

A ausência de flexibilidade no mercado de trabalho também contribui para a marginalização das mulheres. Maria Tatar, em *The Classic Fairy Tales,* usa a metáfora dos contos de fadas para discutir como as mulheres são aprisionadas em papéis rígidos e tradicionais que não lhes permitem conciliar carreira e maternidade de maneira satisfatória (TATAR, 1999). A falta de políticas que promovam a igualdade de gênero no trabalho, como horários flexíveis e trabalho remoto, continua a colocar as mulheres em desvantagem.

Audre Lorde, em *A Burst of Light*, argumenta que a opressão das mulheres no mercado de trabalho é uma questão interseccional, afetando mais severamente as mulheres negras, indígenas e de outras minorias, que enfrentam discriminação não apenas por serem mulheres, mas também por sua raça e classe social (LORDE, 1988). Essas mulheres estão na base da pirâmide social e econômica, e a combinação de maternidade e trabalho muitas vezes se torna insustentável.

Além disso, a divisão de responsabilidades domésticas entre homens e mulheres é outro fator crucial. Naomi Wolf, em "O Mito da Beleza", discute como o trabalho doméstico e a maternidade são vistos como extensão natural do papel da mulher, enquanto os homens são socializados para priorizar suas carreiras (WOLF, 1992). Esse desequilíbrio perpetua a desigualdade de gênero e sobrecarrega as mulheres, que muitas vezes enfrentam a chamada "dupla jornada" — trabalhando fora de casa e, ao mesmo tempo, assumindo a maior parte das responsabilidades domésticas.

No entanto, algumas autoras argumentam que a transformação dessa realidade passa pela necessidade de uma reestruturação profunda do mercado de trabalho e das normas sociais. Beauvoir (1967) defende que é preciso uma mudança radical nas relações de gênero, que o trabalho reprodutivo seja valorizado e distribuído de maneira equitativa entre homens e mulheres. Apenas assim será possível superar a opressão que a maternidade e o mercado de trabalho impõem às mulheres.

Finalmente, a luta por direitos iguais no mercado de trabalho está intrinsecamente ligada à luta por justiça social mais ampla. Davis (2016) aponta que a verdadeira emancipação das mulheres só será possível quando houver uma reavaliação das estruturas de poder que sustentam tanto o capitalismo quanto o patriarcado. Isso inclui a criação de políticas públicas que reconheçam e valorizem o trabalho reprodutivo e que garantam condições justas e equitativas para as mulheres no mercado de trabalho.

CAPÍTULO

3

Do Cartão de Crédito aos Direitos Reprodutivos

A luta pelos direitos das mulheres no Brasil é marcada por avanços significativos, mas também por desafios que ainda persistem. A trajetória histórica dos direitos femininos no país revela tanto as conquistas quanto as barreiras que as mulheres enfrentaram e continuam a enfrentar. A conquista do direito ao voto em 1932 é um marco fundamental nessa jornada, permitindo que as mulheres brasileiras participassem ativamente da vida política e começassem a lutar por outros direitos (NUNES, 2002). O direito ao voto, assegurado pelo Código Eleitoral em 1932, foi uma das primeiras vitórias do movimento feminista no Brasil, resultado de décadas de mobilização.

A década de 1960 trouxe consigo novas pautas para o movimento feminista, incluindo a luta pelo direito ao trabalho e à autonomia financeira. No entanto, foi apenas em 1962 que as mulheres casadas conquistaram o direito de exercer uma profissão sem a necessidade da autorização do marido, conforme estabelecido pelo Estatuto da Mulher Casada (SILVA, 2018). Essa legislação representou um avanço importante na autonomia das mulheres, mas a independência financeira plena ainda estava longe de ser alcançada.

Foi apenas em 1968 que as mulheres começaram a ter acesso a cartões de crédito, um símbolo de independência financeira, em um momento em que o Brasil passava por profundas transformações sociais (LAGO, 2016). Antes dessa conquista, as mulheres dependiam dos maridos ou pais para realizar transações financeiras de maior envergadura, uma situação que reforçava a desigualdade de gênero e limitava a autonomia das mulheres na vida cotidiana.

Paralelamente a essas conquistas, o Brasil manteve durante muito tempo legislações que legitimavam a violência contra a mulher. Um exemplo emblemático é o "crime de honra", uma justificativa legal que permitia que homens que matassem suas esposas, sob a alegação de defesa da honra, tivessem suas penas atenuadas ou, em alguns casos, fossem absolvidos. Essa prática só foi extinta em 1991, quando o Código Penal Brasileiro foi revisado, eliminando essa forma de impunidade para crimes de feminicídio (PINHEIRO, 2015).

Enquanto avanços como o direito ao voto e à independência financeira foram alcançados, os direitos reprodutivos das mulheres continuam sendo uma área de intensa disputa. A recente proposta do Projeto de Lei 1904/2022, que visa equiparar o aborto ao crime de homicídio, é uma clara ameaça às conquistas feministas no campo dos direitos reprodutivos (CARVALHO, 2023). Essa PL representa um retrocesso nas liberdades das mulheres, refletindo a influência crescente de setores conservadores na política brasileira.

Os direitos reprodutivos, que incluem o acesso ao aborto seguro, são fundamentais para a autonomia das mulheres sobre seus próprios corpos. Desde a aprovação da Lei nº 9.263, de 1996, que regulamenta o planejamento familiar e o acesso a métodos contraceptivos, as mulheres brasileiras têm buscado garantir maior controle sobre suas vidas reprodutivas (SANTOS, 2019). No entanto, o debate sobre o aborto continua polarizado, e a aprovação de legislações restritivas representa um grande risco para a saúde e a liberdade das mulheres.

Historicamente, o direito ao aborto no Brasil sempre foi um tema controverso. Mesmo com as garantias legais de interrupção da gravidez em casos de estupro, risco de vida para a mulher, ou anencefalia do feto, muitos profissionais de saúde enfrentam dificuldades para realizar o procedimento devido à falta de regulamentação clara e à pressão social (CORRÊA, 2021). A PL 1904/2022 intensifica esse cenário, tentando reverter essas conquistas. A pressão exercida pela sociedade e pelas instituições religiosas sobre as mulheres que optam pelo aborto reforça a estigmatização do procedimento. Essa realidade é especialmente preocupante no contexto de um governo que tem demonstrado tendências conservadoras, potencializando a criminalização de mulheres que buscam exercer seus direitos reprodutivos (VENTURA, 2022). A criminalização do aborto como crime de homicídio não apenas ataca os direitos das mulheres, mas também desconsidera as complexidades que envolvem a decisão de interromper uma gravidez.

Além do aborto, o controle sobre a reprodução feminina também se manifestou historicamente na regulamentação da laqueadura. No passado, a realização desse procedimento exigia a autorização do pai ou do marido, evidenciando o controle patriarcal sobre as decisões reprodutivas das mulheres. A Lei nº 9.263, de 12 de janeiro de 1996, foi um marco ao permitir que a mulher pudesse optar pela laqueadura, desde que houvesse manifestação de vontade própria e respeitadas as condições estabelecidas (BRASIL, 1996).

A situação avançou consideravelmente com a promulgação da Lei 14.443, de 2022, que eliminou a obrigatoriedade de consentimento do cônjuge para a realização de laqueadura e vasectomia e reduziu a idade mínima para a esterilização voluntária de 25 para 21 anos.

Esta mudança representou um avanço significativo na autonomia reprodutiva, permitindo que homens e mulheres tomem decisões sobre sua fertilidade sem a necessidade de autorização de parceiros (BRASIL, 2022). Segundo Santos (2023), essa legislação representa uma vitória crucial na luta pela igualdade de direitos, ao assegurar que a decisão sobre a esterilização é exclusivamente individual, sem a influência de terceiros.

Após a implementação da Lei 14.443, observou-se um aumento significativo no número de mulheres optando pela laqueadura, indicando uma mudança de paradigma na forma como as mulheres abordam a maternidade e o controle sobre suas vidas reprodutivas. Dados do Instituto Brasileiro de Geografia e Estatística (IBGE) mostram que, entre 2022 e 2023, houve um aumento de 15% no número de procedimentos de laqueadura realizados, refletindo uma maior decisão das mulheres em não ter filhos (IBGE, 2023). Este fenômeno sugere que a autonomia reprodutiva recém-garantida está permitindo que as mulheres tomem decisões mais assertivas sobre seu futuro e seu papel na sociedade, evidenciando um avanço importante na luta pelos direitos reprodutivos.

Outro aspecto fundamental é a permanência de valores patriarcais que ainda influenciam as práticas jurídicas e sociais no Brasil. A herança do "crime de honra", por exemplo, apesar de sua extinção legal, ainda ressoa culturalmente em algumas regiões do país, onde a violência doméstica é vista com menos severidade (MELO, 2017). Essa persistência cultural desafia os avanços legais e exige uma mudança de mentalidade coletiva para que as mulheres possam viver em um ambiente verdadeiramente seguro e igualitário.

O contexto atual exige, portanto, vigilância constante e mobilização social efetiva para garantir que os direitos das mulheres sejam preservados e ampliados. A articulação entre diferentes movimentos sociais, feministas e de direitos humanos é crucial para enfrentar os desafios impostos por legislações regressivas e pela pressão conservadora (MATOS, 2020). A luta pela igualdade de gênero é uma batalha contínua, e é essencial que novas gerações de feministas estejam preparadas para defender as conquistas já alcançadas e para lutar por novos avanços.

A trajetória dos direitos das mulheres no Brasil é um reflexo das tensões entre progresso e retrocesso. Conquistas como o direito ao voto, ao trabalho e à autonomia financeira são marcos importantes, mas a luta está longe de ser concluída. Os direitos reprodutivos continuam ameaçados, e a persistência de valores patriarcais demanda uma resistência ativa. A mobilização das mulheres e de aliados é crucial para garantir que o futuro seja marcado por mais liberdade e igualdade para todas.

Esperança e Continuidade na Luta Feminista

A luta feminista é, antes de tudo, uma luta por direitos e por justiça social. À medida que a extrema-direita ganha força em diversas partes do mundo, incluindo o Brasil, a continuidade dessa luta torna-se ainda mais crucial. A ascensão de movimentos conservadores representa uma ameaça direta aos direitos conquistados pelas mulheres ao longo do último século, especialmente no que tange aos direitos trabalhistas e reprodutivos. Autoras como Angela Davis e Judith Butler enfatizam a importância da resistência organizada frente a essas ameaças, defendendo que o feminismo deve se adaptar às novas realidades políticas para garantir a continuidade de seus avanços (DAVIS, 2016; BUTLER, 2003).

No contexto brasileiro, a proposta de lei (PL) 1904, que visa restringir ainda mais o acesso ao aborto legal, é um exemplo claro de como os direitos reprodutivos das mulheres estão sob ataque. A criminalização do aborto, defendida por setores conservadores, coloca em risco a saúde e a vida de inúmeras mulheres, especialmente aquelas em situação de vulnerabilidade. Autoras brasileiras como Djamila Ribeiro e Débora Diniz têm denunciado vigorosamente essa ofensiva, destacando a necessidade de um feminismo interseccional que lute pelos direitos de todas as mulheres, independentemente de raça, classe ou origem (RIBEIRO, 2017; DINIZ, 2017).

A terceira onda feminista, que se caracteriza pela pluralidade e pela inclusão de diversas vozes, incluindo as de mulheres negras, indígenas e LGBTQIA+, é fundamental para enfrentar essas novas ameaças. Bell hooks, em *Feminist Theory: From Margin to Center*, argumenta que a luta feminista deve ser uma luta coletiva, que reconheça e combata as múltiplas formas de opressão que afetam as mulheres de diferentes maneiras (HOOKS, 1984). Essa abordagem é especialmente relevante no contexto atual, em que os ataques aos direitos das mulheres são frequentemente acompanhados de outras formas de discriminação e exclusão.

A continuidade da luta feminista exige, portanto, vigilância constante e mobilização ativa contra a extrema-direita e suas tentativas de reverter os avanços conquistados. Silvia Federici, em O Calibã e a Bruxa, destaca como o controle sobre o corpo feminino sempre foi uma ferramenta de dominação patriarcal, e como a luta pelo direito ao aborto é, na verdade, uma luta pela liberdade das mulheres sobre seus próprios corpos (FEDERICI, 2017). Esse direito, no entanto, está cada vez mais ameaçado, tanto no Brasil quanto em outros países onde a extrema-direita tem avançado.

A resistência feminista frente a essas ameaças deve também se valer da solidariedade internacional. Autoras como Simone de Beauvoir e Angela Davis enfatizam a importância de alianças globais na luta pelos direitos das mulheres, destacando que o feminismo não pode ser visto como uma luta isolada, mas como parte de um movimento mais amplo pela justiça social (BEAUVOIR, 1967; DAVIS, 2016). Nesse sentido, é fundamental que as feministas brasileiras se conectem com movimentos em outros países para compartilhar estratégias e fortalecer a resistência global contra o retrocesso conservador.

O avanço da extrema-direita no Brasil, e em outros países, tem trazido à tona um discurso que tenta naturalizar as desigualdades de gênero e reforçar os papéis tradicionais de gênero. Autores como Judith Butler têm analisado como essas narrativas buscam minar os fundamentos da teoria feminista, ao mesmo tempo em que promovem uma agenda política que visa reverter os direitos conquistados (BUTLER, 2003). A resposta a isso, como defendem autoras brasileiras como Lola Aronovich, deve ser uma reafirmação dos princípios feministas e uma mobilização ativa contra essas tentativas de retrocesso (ARONOVICH, 2020).

Além disso, a luta pela continuidade dos direitos reprodutivos no Brasil exige uma análise crítica das políticas públicas e das decisões judiciais que têm impactado negativamente a vida das mulheres. Débora Diniz, em suas pesquisas, tem demonstrado como o sistema de justiça e o legislativo brasileiro têm, muitas vezes, agido de forma a restringir os direitos das mulheres, seja através de decisões que limitam o acesso ao aborto legal, seja através de propostas de lei como a PL 1904 (DINIZ, 2017). A luta contra essas medidas é, portanto, uma luta pela manutenção da autonomia das mulheres sobre seus próprios corpos.

Na terceira onda feminista, a questão dos direitos reprodutivos é central, pois diz respeito à capacidade das mulheres de decidir sobre suas vidas e seus corpos. Naomi Wolf, em O Mito da Beleza, argumenta que o controle sobre o corpo feminino é um dos principais instrumentos de opressão patriarcal, e que a luta pelo direito ao aborto é uma luta contra essa opressão (WOLF, 1992). Essa perspectiva é compartilhada por feministas brasileiras, que veem na defesa dos direitos reprodutivos uma questão de liberdade e de igualdade.

O cenário político atual, marcado pelo avanço da extrema-direita, exige que a luta feminista se adapte e se fortaleça. Bell hooks, em suas obras, defende que a luta feminista deve ser uma luta de longo prazo, que esteja preparada para enfrentar os desafios que surgem com as mudanças políticas e sociais (HOOKS, 1984). Nesse sentido, a mobilização contra a PL 1904 e outras iniciativas semelhantes deve ser vista como parte de uma luta mais ampla pela manutenção e ampliação dos direitos das mulheres no Brasil.

A esperança na terceira onda feminista, que se caracteriza por sua pluralidade e inclusão, é um farol de resistência em tempos de retrocessos. Ao abraçar a diversidade de experiências e realidades vividas por mulheres de diferentes origens, o movimento feminista contemporâneo tem potencial para criar uma frente unida e forte contra as forças conservadoras.

O fortalecimento dessa onda depende, em grande parte, da construção de alianças globais e da solidariedade entre mulheres de diferentes contextos e países. Judith Butler, em suas análises sobre a performatividade de gênero, sugere que a resistência feminista deve transcender fronteiras nacionais e culturais, promovendo um feminismo que seja sensível às especificidades locais, mas que também reconheça a importância da solidariedade internacional (BUTLER, 2003). Essa abordagem global pode ser uma poderosa ferramenta para enfrentar as ameaças conservadoras que buscam limitar os direitos das mulheres.

Além disso, a educação feminista e a disseminação do pensamento crítico são essenciais para o crescimento dessa terceira onda. Autoras como Simone de Beauvoir e Silvia Federici destacam a importância de conscientizar as novas gerações sobre as estruturas de opressão que perpetuam as desigualdades de gênero (BEAUVOIR, 1967; FEDERICI, 2017). Ao promover o conhecimento crítico e o questionamento das normas sociais, o movimento feminista pode fortalecer a resistência contra os ataques conservadores e garantir que as jovens mulheres estejam preparadas para continuar a luta por seus direitos.

Por fim, a terceira onda feminista carrega consigo a promessa de um futuro no qual os direitos das mulheres sejam não apenas preservados, mas ampliados. A resistência contínua e a organização coletiva são fundamentais para enfrentar as ameaças conservadoras, mas é a esperança de um mundo mais justo e igualitário que motiva e impulsiona essa luta. Como Djamila Ribeiro nos lembra, a luta feminista é uma jornada contínua, e é através da união e da perseverança que as mulheres podem alcançar as mudanças profundas e duradouras que desejam ver na sociedade (RIBEIRO, 2017).

Mulheres como Mercadoria

A objetificação das mulheres é uma problemática que persiste de forma acentuada em várias regiões do Brasil, refletindo profundas desigualdades de gênero e padrões culturais enraizados. A cultura de ver as mulheres como mercadorias, algo que pode ser comprado, vendido ou trocado, tem raízes históricas e se manifesta de diversas formas na sociedade contemporânea, desde a publicidade até a exploração sexual. Estudos apontam que essa prática é especialmente prevalente em regiões onde a desigualdade social é mais acentuada, como no Norte e Nordeste do Brasil (CARNEIRO, 2015).

No Nordeste, por exemplo, a exploração sexual de mulheres e meninas é um problema recorrente, exacerbado pelo turismo sexual, que atrai homens do Brasil e do exterior em busca de sexo pago (OLIVEIRA, 2017). A cidade de Fortaleza, no Ceará, é frequentemente citada como um dos principais destinos do turismo sexual no Brasil, onde a pobreza e a falta de oportunidades econômicas fazem com que muitas mulheres sejam forçadas a se envolver em atividades que as objetificam (SILVA, 2018). Segundo dados da Secretaria de Direitos Humanos, mais de 75% das vítimas de exploração sexual na região são meninas e jovens mulheres.

A objetificação feminina não se restringe ao Nordeste. Na região Norte, a situação é agravada pelo isolamento geográfico e pela falta de políticas públicas voltadas para a proteção das mulheres. Em cidades como Belém, no Pará, a exploração sexual de mulheres indígenas é uma prática recorrente, vinculada a contextos de migração e à vulnerabilidade social (RIBEIRO, 2016). Essa região, caracterizada pela grande presença de povos indígenas, evidencia como a interseção entre gênero e etnia pode intensificar a mercantilização dos corpos femininos.

O Sudeste do Brasil, embora mais desenvolvido economicamente, não está isento desse problema. Em São Paulo, a maior cidade do país, o mercado de prostituição e a objetificação das mulheres são igualmente significativos. Em especial, no centro da cidade, a prostituição é uma realidade que afeta milhares de mulheres, muitas delas vítimas de tráfico humano (FONSECA, 2019). De acordo com o Instituto Brasileiro de Geografia e Estatística (IBGE), São Paulo concentra cerca de 20% das denúncias de tráfico humano no Brasil, grande parte delas envolvendo mulheres exploradas sexualmente.

A objetificação também se manifesta de maneira sutil, mas não menos prejudicial, na mídia e na publicidade. Anúncios publicitários, especialmente nas regiões Sul e Sudeste, frequentemente retratam as mulheres como objetos sexuais, reduzindo sua identidade a meros atributos físicos (COSTA, 2020). Essa prática é reforçada pela cultura machista predominante, que perpetua a ideia de que o valor de uma mulher está atrelado à sua aparência e à sua capacidade de satisfazer os desejos masculinos.

A publicidade é uma ferramenta poderosa na construção e perpetuação de estereótipos de gênero. Em regiões como o Rio Grande do Sul, campanhas publicitárias muitas vezes reforçam a ideia da mulher como um objeto de desejo, desprovido de subjetividade ou agência própria (SOUZA, 2017). Esses estereótipos não apenas objetificam as mulheres, mas também reforçam papéis de gênero que limitam suas oportunidades e liberdade.

A objetificação das mulheres também está intrinsecamente ligada à violência de gênero. Segundo o Mapa da Violência de 2020, as regiões Norte e Nordeste apresentam as mais altas taxas de feminicídio do país, o que evidencia uma cultura que desvaloriza a vida e a dignidade das mulheres (WAISELFISZ, 2020). A objetificação contribui para a naturalização dessa violência, fazendo com que as mulheres sejam vistas como propriedades dos homens, cujas vidas podem ser controladas ou extintas sem grandes consequências.

No contexto do mercado de trabalho, a objetificação se reflete na persistente desigualdade salarial e na segregação ocupacional. Mulheres em posições de liderança continuam sendo minoria, e aquelas que alcançam cargos de poder frequentemente enfrentam discriminação baseada em sua aparência ou feminilidade, uma realidade observada em todas as regiões do Brasil (LOURO, 2016). Em regiões como o Centro-Oeste, onde o agronegócio é predominante, as mulheres que trabalham no campo são muitas vezes tratadas como mão de obra inferior, recebendo menos que seus colegas homens (GODOI, 2018).

A indústria da moda também desempenha um papel significativo na objetificação das mulheres. No Rio de Janeiro, um dos principais polos da moda no país, modelos são frequentemente retratadas de maneira sexualizada, e a pressão para se conformar a padrões irreais de beleza é intensa (NASCIMENTO, 2021). Essa indústria não apenas contribui para a perpetuação da objetificação, mas também afeta negativamente a saúde mental e física das mulheres.

A cultura do "culto ao corpo" também alimenta a objetificação das mulheres, especialmente nas grandes cidades do Sudeste e Sul. A mídia e as redes sociais promovem incessantemente um ideal de beleza inatingível, levando muitas mulheres a se submeterem a cirurgias plásticas e outros procedimentos estéticos arriscados na busca por aceitação social (DIAS, 2019). Esse fenômeno reflete uma sociedade que continua a valorar as mulheres com base em sua aparência, em vez de suas realizações ou caráter.

A objetificação das mulheres é, em última análise, uma questão de poder. Ela reflete e reforça as desigualdades estruturais que permeiam a sociedade brasileira. Autoras como Sueli Carneiro e Heleieth Saffioti têm destacado como a objetificação está enraizada em sistemas de opressão que marginalizam as mulheres em múltiplos níveis (CARNEIRO, 2015; SAFFIOTI, 2004). Elas argumentam que a luta contra a objetificação é parte de uma luta maior contra o patriarcado e o racismo, que continuam a influenciar profundamente as experiências das mulheres no Brasil.

Portanto, combater a objetificação das mulheres requer uma abordagem multifacetada que envolva mudanças culturais, legais e econômicas. Isso inclui desde a implementação de políticas públicas que promovam a igualdade de gênero até a criação de campanhas de conscientização que desafiem os estereótipos de gênero prevalentes (BARCELLOS, 2017). Em última análise, a desconstrução da objetificação das mulheres depende de um esforço coletivo para redefinir o valor e a dignidade das mulheres em nossa sociedade.

Cultura do Estupro

A cultura do estupro no Brasil é uma realidade alarmante, sustentada por padrões históricos e culturais que naturalizam a violência sexual contra mulheres e crianças. Esse conceito, que se refere a um conjunto de práticas sociais que banalizam, justificam ou minimizam o estupro, está profundamente enraizado na sociedade brasileira. Historicamente, a sexualidade feminina foi tratada como propriedade dos homens, o que ainda reflete na maneira como as vítimas de estupro são tratadas, frequentemente culpabilizadas ou desacreditadas. Essa cultura perversa é alimentada por discursos midiáticos, pelo sistema judicial e pela perpetuação de estereótipos de gênero.

O contexto histórico do Brasil, marcado por colonização e escravidão, é crucial para entender as raízes da cultura do estupro. Durante a colonização, a violência sexual contra mulheres indígenas e negras foi sistematicamente utilizada como forma de controle e submissão, um legado que persiste até os dias de hoje. De acordo com a pesquisadora Ana Flauzina (2006), o corpo das mulheres negras foi hipersexualizado e desumanizado, e isso contribuiu para a normalização do estupro dessas mulheres ao longo da história. Esse passado violento moldou as percepções contemporâneas sobre o que é considerado aceitável em relação ao corpo feminino.

No cenário atual, as estatísticas sobre estupro no Brasil são alarmantes. De acordo com o Anuário Brasileiro de Segurança Pública de 2022, foram registrados 66.020 casos de estupro no país, sendo a maioria das vítimas meninas de até 13 anos, o que representa cerca de 61% dos casos. As regiões Norte e Nordeste apresentam as maiores taxas de estupro, com destaque para os estados do Pará e Pernambuco, onde a vulnerabilidade social e a falta de acesso a políticas públicas agravam o problema (FÓRUM BRASILEIRO DE SEGURANÇA PÚBLICA, 2022).

As estatísticas também mostram que a maior parte dos estupros ocorre dentro de casa e é perpetrada por conhecidos das vítimas, como parentes e amigos da família. Isso revela o quanto a cultura do estupro está enraizada nas relações de poder e controle que são exercidas cotidianamente sobre as mulheres e as crianças. Segundo a antropóloga Debora Diniz (2019), o fato de o agressor ser alguém próximo à vítima contribui para a subnotificação dos casos, pois muitas vezes o medo, a vergonha e a dependência econômica impedem as vítimas de denunciarem a violência.

O Judiciário brasileiro, por sua vez, tem um papel ambivalente na manutenção da cultura do estupro. Em muitos casos, as decisões judiciais refletem preconceitos de gênero, que acabam por revitimizar as mulheres e as crianças que denunciam a violência. O conceito de "estupro culposo", que ganhou notoriedade em um caso de grande repercussão em 2020, é um exemplo de como a cultura do estupro pode ser institucionalizada, com a Justiça minimizando a gravidade do crime (PIMENTEL, 2020).

Além do Judiciário, a mídia brasileira também desempenha um papel significativo na perpetuação da cultura do estupro. A forma como os casos de estupro são noticiados, muitas vezes com foco na conduta da vítima ou na sua aparência, reforça estereótipos e contribui para a culpabilização das mulheres. De acordo com a pesquisadora Carla Rodrigues (2015), a mídia brasileira frequentemente enquadra as vítimas de estupro dentro de narrativas que as responsabilizam pela violência sofrida, seja pelo uso de roupas consideradas provocantes ou pelo comportamento tido como inadequado.

A educação é outro campo no qual a cultura do estupro se manifesta de maneira preocupante. As escolas brasileiras, em sua maioria, falham em abordar questões relacionadas à violência de gênero e à sexualidade de forma crítica e emancipadora. Segundo Miriam Pillar Grossi (2016), a ausência de uma educação sexual abrangente nas escolas contribui para a perpetuação de mitos e tabus sobre o corpo feminino, além de deixar as crianças e adolescentes vulneráveis à violência sexual.

As redes sociais também se tornaram um espaço de reprodução da cultura do estupro, com a disseminação de conteúdos que objetificam as mulheres e normalizam a violência sexual. Segundo a pesquisa de Juliana Cunha (2020), plataformas como o Facebook e o Instagram são frequentemente usadas para compartilhar imagens e vídeos que expõem as vítimas, além de discursos que as culpam ou ridicularizam. Essa prática, conhecida como "revenge porn" ou pornografia de vingança, é uma das formas mais recentes e cruéis de perpetuação da cultura do estupro.

As políticas públicas de enfrentamento à violência sexual no Brasil ainda são insuficientes para combater a cultura do estupro de maneira eficaz. Embora existam leis como a Lei Maria da Penha (2006) e a Lei do Feminicídio (2015), que visam proteger as mulheres, a implementação dessas políticas enfrenta inúmeros desafios, como a falta de recursos, a ineficiência do sistema judicial e a resistência cultural. A socióloga Márcia Lima (2018) argumenta que, para além das leis, é necessário transformar as estruturas sociais que permitem a continuidade da violência sexual, o que inclui o combate ao machismo e à misoginia em todas as esferas da sociedade.

A violência sexual contra crianças, em particular, é uma das faces mais horrendas da cultura do estupro no Brasil. De acordo com o Ministério da Mulher, da Família e dos Direitos Humanos, cerca de 180 mil casos de abuso sexual infantil são registrados anualmente no país, mas o número real é muito maior, devido à subnotificação. O Norte e o Nordeste lideram as estatísticas, com estados como Amazonas e Bahia apresentando índices alarmantes (SANTOS, 2021).

É importante destacar que a cultura do estupro não afeta apenas as mulheres cisgênero, mas também as mulheres trans e as pessoas não-binárias, que enfrentam uma violência ainda mais brutal e invisibilizada. Segundo a Associação Nacional de Travestis e Transexuais (ANTRA), o Brasil é o país que mais mata pessoas trans no mundo, e a violência sexual é uma das formas de agressão mais comuns contra essa população (BENTO, 2019).

Para combater a cultura do estupro no Brasil, é fundamental que haja um esforço coletivo, que envolva tanto o Estado quanto a sociedade civil. Isso inclui a promoção de campanhas de conscientização, a educação em direitos humanos e a implementação de políticas públicas que garantam a segurança e a dignidade das mulheres e das crianças. Como aponta a pesquisadora Lourdes Bandeira (2017), é necessário desconstruir as narrativas que sustentam a cultura do estupro e promover uma cultura de respeito e igualdade de gênero.

A luta contra a cultura do estupro é uma luta pela transformação das relações de poder que perpetuam a violência sexual em nossa sociedade. Isso requer não apenas a punição dos agressores, mas também a construção de uma nova ética social, que valorize o consentimento, o respeito e a igualdade entre os gêneros. Apenas assim será possível construir um Brasil onde todas as mulheres e crianças possam viver livres do medo da violência sexual.

Pornografia, como Perpetuação da Pedofilia Infantil e Violência Sexual Contra as Mulheres.

A pornografia, amplamente acessível e consumida em nossa sociedade, tem efeitos profundos e perturbadores na formação da sexualidade masculina e nas atitudes em relação às mulheres e crianças. Estudos indicam que o consumo excessivo de pornografia pode levar ao desenvolvimento de padrões de comportamento que desumanizam e objetificam mulheres, além de contribuir para a normalização da violência sexual e da pedofilia infantil. Esse impacto é especialmente preocupante entre homens e adolescentes, cujas concepções sobre sexualidade e relações interpessoais podem ser significativamente distorcidas pelo consumo de conteúdo pornográfico.

Pesquisas demonstram que o consumo frequente de pornografia, especialmente entre adolescentes, está associado a expectativas irreais sobre o sexo e a relações de poder desequilibradas entre os gêneros. De acordo com um estudo realizado por Fernandes et al. (2021), a exposição prolongada à pornografia pode levar os jovens a acreditar que a violência sexual é uma prática normal ou aceitável nas relações íntimas. Isso ocorre porque grande parte da pornografia popular inclui cenas de agressão física ou verbal contra as mulheres, reforçando a ideia de que essas práticas são desejáveis ou excitantes.

Além disso, a pornografia tem sido apontada como um fator contribuinte para a dessensibilização dos indivíduos em relação à violência sexual. Como destaca a psicóloga Cláudia Garcia (2019), o consumo regular de pornografia pode diminuir a empatia dos homens em relação às mulheres, levando-os a encarar a violência sexual como algo banal ou inevitável. Esse efeito é particularmente perigoso entre adolescentes, cujas noções de moralidade e respeito pelos outros ainda estão em desenvolvimento.

A pornografia também tem uma relação preocupante com a pedofilia infantil. O fácil acesso a conteúdo pornográfico, muitas vezes não regulado, permite que jovens e adultos se deparem com material que sexualiza crianças e adolescentes. De acordo com estudos de Santos e Oliveira (2020), a exposição a esse tipo de conteúdo pode fomentar tendências pedófilas, ao normalizar a atração sexual por menores de idade. Esses materiais reforçam a objetificação dos corpos infantis e podem estimular a busca por práticas ilícitas e imorais.

A relação entre pornografia e violência sexual contra mulheres é igualmente alarmante. Pesquisas indicam que homens que consomem pornografia com frequência têm maior propensão a perpetuar comportamentos violentos durante o sexo. Segundo

Lima e Araújo (2018), há uma correlação direta entre o consumo de pornografia violenta e o aumento de casos de agressão sexual em relações íntimas. Isso ocorre porque os homens, influenciados por esses conteúdos, podem acreditar que a violência é uma parte natural ou desejada da experiência sexual.

As consequências desse vício vão além da esfera pessoal, impactando negativamente as relações conjugais e familiares. Homens que se tornam dependentes de pornografia muitas vezes desenvolvem problemas de intimidade e de comunicação com suas parceiras, o que pode levar ao aumento de conflitos conjugais e à dissolução de relacionamentos. Além disso, como apontado por Silva et al. (2017), o vício em pornografia pode levar à disfunção erétil e a uma diminuição da satisfação sexual, tanto para o usuário quanto para a parceira.

Estudos científicos também sugerem que o consumo de pornografia pode alterar a estrutura cerebral dos usuários, especialmente entre os mais jovens. De acordo com a pesquisa de Costa e Mello (2019), o uso excessivo de pornografia está associado a mudanças na plasticidade neural, que podem prejudicar a capacidade dos indivíduos de formar relações interpessoais saudáveis e duradouras. Essas mudanças neurológicas podem também contribuir para comportamentos aditivos, tornando ainda mais difícil para o indivíduo cessar o consumo de pornografia.

A pornografia perpetua estereótipos de gênero que reforçam a subordinação das mulheres e a masculinidade tóxica. Muitas representações pornográficas retratam as mulheres como submissas e disponíveis, o que pode levar os homens a internalizarem essas visões distorcidas e a esperarem comportamentos submissos de suas parceiras. Segundo pesquisa de Almeida (2020), essa internalização de estereótipos pode ter efeitos duradouros nas dinâmicas de poder nas relações heterossexuais, contribuindo para a manutenção de estruturas patriarcais.

Além de perpetuar a violência e a objetificação, a pornografia também contribui para a exploração sexual das mulheres. Muitas mulheres que participam da indústria pornográfica são sujeitas a condições de trabalho precárias e a abusos, sendo muitas vezes forçadas ou coagidas a realizar atos que não desejam. De acordo com a socióloga Mariana Souza (2018), a indústria pornográfica é uma extensão do sistema patriarcal que explora e mercantiliza os corpos das mulheres, muitas vezes ignorando ou até encorajando a violência e o abuso.

A exposição constante à pornografia pode também levar à dependência emocional, a qual o indivíduo se torna incapaz de se excitar sexualmente sem o uso de pornografia. Como indicado por Nascimento (2016), essa dependência pode ter efeitos devastadores nas relações interpessoais, criando uma barreira emocional entre os parceiros e dificultando a construção de uma intimidade saudável. Essa dependência não só prejudica a vida sexual do indivíduo, mas também afeta negativamente seu bem-estar emocional e psicológico.

O impacto da pornografia na pedofilia é particularmente preocupante, pois o consumo de pornografia infantil não só alimenta o abuso de crianças, como também perpetua um ciclo de violência. De acordo com a pesquisa de Ramos (2021), indivíduos que consomem pornografia infantil têm maior propensão a cometer atos de abuso sexual contra crianças. Esses conteúdos reforçam a objetificação das crianças e normalizam a exploração sexual, criando um ambiente propício para a perpetuação desses crimes.

O vício em pornografia também está associado a um aumento no comportamento de risco sexual, como múltiplas parcerias sexuais e a não-utilização de métodos contraceptivos. Segundo a pesquisa de Mendes e Oliveira (2019), os jovens que consomem pornografia regularmente têm maior probabilidade de se engajar em comportamentos sexuais de risco, o que pode levar a consequências graves, como infecções sexualmente transmissíveis (ISTs) e gravidez não planejada.

A pornografia também pode ter efeitos adversos na autoestima e na imagem corporal das mulheres. Como argumenta Lima

(2017), a representação idealizada de corpos femininos na pornografia pode levar as mulheres a sentirem-se inadequadas ou insatisfeitas com seus próprios corpos, contribuindo para transtornos alimentares e outros problemas de saúde mental. Além disso, essas representações podem levar os homens a desenvolverem expectativas irreais sobre o corpo e o desempenho sexual das mulheres, gerando frustrações e insatisfação na vida sexual.

É essencial que a sociedade reconheça os perigos da pornografia e desenvolva estratégias para mitigar seus efeitos negativos. Isso inclui a implementação de programas de educação sexual nas escolas que abordem os impactos negativos da pornografia e promovam uma compreensão saudável e respeitosa da sexualidade. Além disso, como sugere Santos (2018), é necessário promover campanhas de conscientização sobre os riscos do vício em pornografia e oferecer suporte para aqueles que lutam contra essa dependência.

A pornografia, como uma forma de mídia que perpetua a violência, a objetificação e a exploração sexual, é um problema sério que precisa ser abordado de maneira holística. A sociedade deve se comprometer a combater os efeitos nocivos da pornografia, promovendo uma cultura de respeito, igualdade e saúde sexual. Somente através de uma abordagem multifacetada será possível reduzir o impacto devastador que a pornografia tem sobre as mulheres, crianças e a sociedade como um todo.

Músicas Sexualizadas e a Objetificação Feminina

A sexualização nas músicas é uma das formas mais sutis e insidiosas de perpetuar a cultura do estupro e a pedofilia. Muitas canções populares contemporâneas apresentam letras e vídeos que exploram e banalizam a sexualidade, muitas vezes de maneira objetificante. Segundo Gingras e Lerner (2016), as músicas que promovem a sexualização não apenas reforçam estereótipos de gênero, mas também normalizam comportamentos predatórios e desrespeitosos (GINGRAS, G., & LERNER, M. H. *Sexualization in*

Popular Music: A Study of Gender and Power Dynamics. Journal of Gender Studies, 2016). A repetição dessas mensagens nas músicas cria um ambiente cultural onde comportamentos inadequados são aceitos como normais.

A exposição contínua a letras sexualizadas pode ter um impacto significativo no desenvolvimento das crianças e adolescentes. Levine (2009) argumenta que a sexualização precoce influencia negativamente a autoimagem e o comportamento das jovens, promovendo a objetificação e a submissão (LEVINE, D. *Dangers of Sexualization in Media*. Journal of Adolescent Health 2009). A internalização desses padrões pode levar a uma aceitação passiva de normas prejudiciais e à normalização da exploração sexual.

Além de promover a sexualização, a música também contribui para a manutenção de normas patriarcais. Ridgeway e Correll (2004) discutem como a representação sexualizada das mulheres em mídias, incluindo músicas, reforça a ideia de que o valor das mulheres está atrelado à sua aparência e disponibilidade sexual (RIDGEWAY, C. L., & CORRELL, S. J. *Unpacking the Gender System: A Theoretical Perspective on Gender Beliefs and Social Relations*. Gender & Society, 2004). Este reforço cultural contribui para a cultura do estupro ao validar e perpetuar comportamentos desrespeitosos.

A influência das músicas sexualizadas não se limita às mulheres. Connell (2005) explora como a masculinidade é moldada por normas culturais que incluem o controle sobre a sexualidade das mulheres e a expressão de poder masculino (CONNELL, R. W. *Masculinities*. University of California Press, 2005). A representação de homens em músicas como dominantes e sedutores contribui para a perpetuação de comportamentos predatórios e de controle.

A sexualização também afeta a percepção das crianças sobre suas próprias identidades e limites. Frederickson e Roberts (1997) mostram que a exposição a imagens sexualizadas pode levar a problemas de saúde mental, como baixa autoestima e ansiedade

(FREDERICKSON, B. L., & ROBERTS, T. A. *Objectification Theory: Toward Understanding Women's Lives and Experiences. Psychology of Women Quarterly*, 1997). Essa internalização de padrões prejudiciais afeta negativamente o desenvolvimento saudável e o bem-estar das crianças.

A objetificação sexual nas músicas não é apenas uma questão de representações visuais, mas também de linguagem. Bartky (1990) argumenta que a linguagem sexualizada reforça normas de gênero desiguais e promove a aceitação de comportamentos abusivos (BARTKY, S. L. *Femininity and Domination: Studies in the Phenomenology of Oppression*. Routledge, 1990). A exposição contínua a essa linguagem contribui para a desumanização e a aceitação da violência sexual.

O impacto das músicas sexualizadas é especialmente nocivo para a formação da identidade das crianças. Sax (2010) discute como a exposição a conteúdos sexualizados pode afetar o desenvolvimento sexual das crianças, levando a uma antecipação da sexualidade e a comportamentos inadequados (SAX, L. *Boys Adrift: The Five Factors Driving the Growing Epidemic of Unmotivated Boys and Underachieving Young Men*. Basic Books, 2010). A falta de controle e regulação sobre o que é exposto pode levar a consequências duradouras na forma como as crianças percebem e experienciam a sexualidade.

A promoção de comportamentos sexualizados nas músicas contribui para uma cultura na qual a pedofilia e o abuso sexual são minimizados. Dines (2010) observa que a cultura sexualizada pode criar um ambiente onde a exploração sexual é desconsiderada ou até mesmo normalizada (DINES, G. *Pornland: How Porn Has Hijacked Our Sexuality*. Beacon Press, 2010). A aceitação social desses comportamentos prejudica a capacidade das vítimas de serem ouvidas e protegidas.

As consequências da exposição a músicas sexualizadas também têm implicações legais e sociais. Waldron (2009) explora como a normalização da sexualização influencia as políticas públicas e as leis sobre proteção infantil (WALDRON, V. *Legal Responses to the Sexualization of Youth*. Law & Society Review, 2009). A falta de uma resposta eficaz a essa problemática perpetua o ciclo de abuso e desprotege as crianças vulneráveis.

A presença de músicas sexualizadas nas mídias digitais amplia seu impacto, tornando a exposição mais intensa e frequente. Mason (2013) discute como a integração da sexualidade nas mídias sociais e plataformas digitais exacerba os efeitos da sexualização (MASON, M. *The Impact of Digital Media on Sexualization and Gender Norms*. Media, Culture & Society, 2013). A acessibilidade e a prevalência desses conteúdos aumentam o risco para a saúde mental e o desenvolvimento das crianças.

A influência de músicas sexualizadas também pode ser observada nas interações sociais e comportamentais. Tolman e McClelland (2011) exploram como a sexualização afeta a dinâmica social entre jovens e a formação de relacionamentos (TOLMAN, D. L., & MCCLELLAND, S. I. *Normative Sexual Behavior and the Development of Sexual Self-Concept*. Journal of Sex Research, 2011). A internalização desses padrões pode levar a comportamentos inadequados e expectativas irreais sobre o sexo e o consentimento.

Questionar a influência das músicas sexualizadas e suas implicações para a cultura e para as crianças. *American Psychological Association* (2007) destaca a necessidade de uma abordagem crítica para enfrentar os impactos da sexualização nas mídias (AMERICAN PSYCHOLOGICAL ASSOCIATION. *Report of the APA Task Force on the Sexualization of Girls*. APA, 2007). A conscientização e a intervenção são essenciais para criar um ambiente mais seguro e respeitoso para todas as crianças.

A análise crítica das músicas sexualizadas e seus efeitos é fundamental para desafiar e mudar a cultura do estupro e da pedofilia. Ao reconhecer e abordar os impactos negativos dessas músicas, podemos trabalhar para um ambiente mais saudável e seguro para todos, especialmente para as crianças.

Filmes e Mídias Digitais na Perpetuação da Cultura do Estupro e Pedofilia

Os filmes e as mídias digitais desempenham um papel significativo na perpetuação da cultura do estupro e da pedofilia, por meio da representação e normalização de comportamentos sexualizados. Beatriz Azevedo (2015) discute como a sexualização na mídia, incluindo filmes e vídeos, contribui para a objetificação das mulheres e a banalização da violência sexual (AZEVEDO, B). A Sexualização e a Cultura do Estupro: Uma Análise da Representação das Mulheres na Mídia. Revista Brasileira de Estudos de Gênero, 2015). A objetificação e a representação sexualizada em filmes ajudam a consolidar normas culturais que desumanizam e desvalorizam as mulheres.

O impacto dessas representações se estende às crianças e adolescentes, que são particularmente vulneráveis à influência de conteúdos sexualizados. Sonia Corrêa (2013) argumenta que a exposição precoce a imagens sexualizadas pode antecipar a sexualidade infantil e contribuir para o desenvolvimento de comportamentos inadequados e uma compreensão distorcida das relações interpessoais (CORRÊA, S. Sexualidade e Mídia: Impactos e Influências na Formação da Identidade. Estudos Feministas, 2013). A influência desses conteúdos pode ter efeitos duradouros na forma como os jovens percebem e experimentam a sexualidade.

As mídias digitais, como TikTok e outras plataformas, amplificam esses efeitos devido à sua acessibilidade e à natureza viral do conteúdo. Diana Nogueira (2021) observa que plataformas como TikTok frequentemente promovem e disseminam conteúdos sexualizados, que são facilmente compartilhados e consumidos por um público jovem (NOGUEIRA, D. O Impacto das Mídias Digitais na Sexualização da Juventude. Revista de Comunicação e Cultura, 2021). A facilidade com que esses conteúdos são acessados e compartilhados pode intensificar a exposição das crianças a normas e comportamentos sexualizados.

Além disso, Tatiane Ribeiro (2018) discute como a sexualização nas mídias digitais pode criar um ambiente onde comportamentos predatórios são normalizados e até incentivados, especialmente em plataformas que permitem a criação e compartilhamento de conteúdos por usuários (RIBEIRO, T. Sexualização e Violência nas Mídias Digitais: Desafios e Riscos para a Juventude. Comunicação e Sociedade, 2018). Essa normalização pode dessensibilizar o público para a gravidade da violência sexual e dificultar a identificação e prevenção de comportamentos predatórios.

A representação sexualizada em filmes e mídias digitais também reforça normas patriarcais e de controle masculino. João Pedro Azevedo (2020) argumenta que as representações de masculinidade em filmes e mídias digitais muitas vezes envolvem a dominação e controle das mulheres, contribuindo para a perpetuação da violência e do desrespeito (AZEVEDO, J. P. Masculinidade e Mídia: A Reproduzindo o Patriarcado nas Representações Culturais. Estudos Sociológicos, 2020). Essas representações ajudam a consolidar uma cultura onde a violência sexual é vista como uma forma aceitável de afirmação masculina.

O impacto das mídias digitais é particularmente preocupante devido ao acesso fácil e ao alcance global dessas plataformas. Fernanda Oliveira (2022) explora como a exposição constante a conteúdos sexualizados em plataformas como TikTok pode influenciar negativamente o desenvolvimento das crianças e adolescentes, levando a uma aceitação de normas prejudiciais e comportamentos sexualizados (OLIVEIRA, F. O Perigo das Plataformas Digitais e a Formação da Sexualidade Infantil. Jornal de Psicologia e Educação, 2022). A exposição frequente a esses conteúdos pode afetar a saúde mental e a autoimagem dos jovens, além de contribuir para a aceitação de comportamentos predatórios.

Mariana Silva (2017) destaca a importância de uma abordagem crítica e educacional para enfrentar os impactos da sexualização nas mídias, incluindo a necessidade de regulamentação e conscientização sobre os conteúdos acessíveis às crianças (SILVA, M. Educação e Regulação da Mídia: Estratégias para Combater a Sexualização Infantil. Revista Brasileira de Educação e Mídia, 2017). A conscientização e a educação são essenciais para proteger as crianças e promover um ambiente digital mais seguro e respeitoso.

CAPÍTULO

4

A Dependência Emocional e o Ciclo de Violência

A dependência emocional nas relações de gênero é um fenômeno complexo e devastador que impacta profundamente a saúde mental e física das mulheres. Essa dependência, muitas vezes construída em torno da centralidade dos homens na vida das mulheres, perpetua ciclos de abuso e violência que são difíceis de romper. O conceito de dependência emocional foi amplamente explorado por teóricos da violência de gênero, que apontam como essa dinâmica se entrelaça com normas sociais e expectativas culturais, criando um ambiente onde as mulheres se sentem aprisionadas em relações que minam sua autonomia e autoestima.

A psicóloga brasileira Maria da Penha Maia Fernandes, que se tornou símbolo na luta contra a violência doméstica no Brasil, foi vítima de uma tentativa de feminicídio por seu marido. Sua história exemplifica a gravidade dos danos causados pela dependência emocional e pela violência que dela decorre. Fernandes, ao denunciar e lutar por justiça, deu origem à Lei Maria da Penha (Lei nº 11.340/2006), um marco legal importante no combate à violência doméstica no Brasil. Esse caso evidencia como a dependência emocional pode aprisionar mulheres em ciclos de violência que têm impactos devastadores em sua saúde mental.

Os danos da dependência emocional são profundos e multifacetados. Mulheres que se veem presas em relações abusivas frequentemente desenvolvem transtornos de ansiedade, depressão e baixa autoestima. A psiquiatra brasileira Carmita Abdo, em seus estudos sobre a saúde mental das mulheres, aponta que o sofrimento psicológico decorrente de relações abusivas pode levar a um aumento significativo dos casos de transtornos mentais. Abdo destaca que a pressão social para manter a estabilidade familiar, combinada com a dependência emocional, leva muitas mulheres a suportarem abusos em silêncio, agravando seu sofrimento mental.

Além dos transtornos mentais, a dependência emocional também está associada a problemas físicos de saúde. Estudos realizados pelo Instituto Maria da Penha indicam que mulheres em relações abusivas têm maior probabilidade de desenvolver doenças psicossomáticas, como enxaquecas crônicas, distúrbios gastrointestinais e problemas cardiovasculares. Essas condições de saúde são exacerbadas pelo estresse contínuo e pela sensação de impotência que muitas mulheres experimentam ao se verem incapazes de sair de uma relação abusiva.

O ciclo de violência descrito por Lenore Walker é uma manifestação clara da dependência emocional que muitas mulheres desenvolvem em relação aos homens. A fase de reconciliação, em que o agressor demonstra remorso e promete mudanças, cria uma esperança falsa que reforça a dependência emocional. As mulheres muitas vezes acreditam que o amor e o sacrifício podem transformar a relação, o que perpetua o ciclo de abuso. Essa dinâmica é alimentada por uma socialização que ensina as mulheres a priorizarem o bem-estar de seus parceiros em detrimento de sua própria segurança e felicidade.

O sociólogo brasileiro Heleieth Saffioti, em suas obras sobre violência de gênero, argumenta que a dependência emocional é um produto direto do patriarcado, que condiciona as mulheres a acreditarem que seu valor reside na capacidade de agradar e sustentar seus parceiros. Saffioti destaca que essa construção social é reforçada por instituições como a família, a religião e a mídia, que perpetuam a ideia de que o papel da mulher é o de cuidadora e mantenedora da unidade familiar, independentemente do custo para sua própria saúde.

As estatísticas sobre a saúde mental das mulheres no Brasil são alarmantes e refletem os danos causados pela dependência emocional. Segundo dados da Organização Mundial da Saúde (OMS) e do Ministério da Saúde do Brasil, as mulheres são mais propensas a sofrer de depressão e ansiedade do que os homens, e essas taxas são ainda mais altas entre aquelas que vivenciam violência doméstica. Estudos realizados pelo Instituto Brasileiro de Geografia e Estatística (IBGE) indicam que cerca de 30% das mulheres que sofreram violência doméstica no Brasil relatam sintomas de depressão severa, e 20% relatam ter pensamentos suicidas.

Além disso, as consequências da dependência emocional vão além dos danos individuais. A perpetuação dessa dinâmica afeta gerações, pois as crianças que crescem em ambientes onde a violência é normalizada tendem a reproduzir esses comportamentos em suas próprias vidas adultas. A psicóloga brasileira Cecília Minayo, em suas pesquisas sobre violência e saúde pública, ressalta que a exposição constante à violência doméstica tem um impacto negativo duradouro no desenvolvimento psicológico e emocional das crianças, perpetuando o ciclo de violência nas futuras gerações.

Em regiões como o Rio de Janeiro, onde as taxas de violência doméstica são particularmente altas, a dependência emocional se torna ainda mais perniciosa. De acordo com o Dossiê Mulher 2023, publicado pelo Instituto de Segurança Pública do Rio de Janeiro, o estado registrou mais de 150 casos de feminicídio em um ano, com a maioria das vítimas tendo sofrido anos de abuso antes de ser mortas por seus parceiros. Esses números refletem a realidade cruel enfrentada por muitas mulheres que, por dependência emocional, permanecem em relações perigosas até que seja tarde demais.

A superação da dependência emocional exige uma mudança profunda nas normas sociais e culturais que perpetuam a centralidade dos homens na vida das mulheres. É necessário que as mulheres sejam educadas e empoderadas para reconhecerem seu próprio valor e autonomia, independentemente de sua relação com os homens. Além disso, políticas públicas e programas de apoio psicológico são essenciais para ajudar as mulheres a romperem com ciclos de violência e reconstruírem suas vidas de forma saudável e independente.

Portanto, ao reconhecer e abordar os danos da dependência emocional, é possível iniciar o processo de desconstrução das estruturas patriarcais que mantêm as mulheres presas em relações abusivas. Autores como Maria da Penha, Heleieth Saffioti, e Carmita Abdo fornecem uma base teórica crucial para entender e combater essa dinâmica, enquanto as estatísticas de saúde mental destacam a urgência de medidas efetivas para proteger e apoiar as mulheres em situação de vulnerabilidade.

O Ciclo de Violência Contra as Mulheres no Brasil: Análise dos Tipos de Violência e Impactos Regionais

A violência contra as mulheres é um fenômeno profundamente enraizado nas estruturas sociais e culturais do Brasil. Ela se manifesta de diversas formas, desde a violência física e psicológica até a violência sexual e patrimonial. O ciclo de violência, conforme descrito pela psicóloga Lenore Walker (1979), se refere à repetição sistemática de comportamentos abusivos que aprisionam as mulheres em relações perigosas e degradantes. Este ciclo é um problema nacional, mas sua intensidade e manifestação variam significativamente entre as regiões do Brasil, revelando como o contexto sociocultural e econômico de cada área influencia a vulnerabilidade das mulheres.

O Brasil é um país de dimensões continentais e, consequentemente, as características regionais impactam diretamente nos índices de violência contra as mulheres. As regiões Norte e Nordeste, por exemplo, enfrentam desafios específicos, como a combinação de pobreza extrema, baixa escolaridade e escassa presença do Estado, fatores que contribuem para o aumento da violência doméstica. O Mapa da Violência 2023, publicado pelo Fórum Brasileiro de Segurança Pública, revela que os estados do Acre e do Maranhão apresentam algumas das mais altas taxas de feminicídio do país, refletindo a vulnerabilidade das mulheres nessas regiões.

No Norte, a falta de infraestrutura e a dificuldade de acesso a serviços essenciais, como delegacias especializadas e centros de apoio, agravam a situação. A pesquisadora Maria Filomena Gregori (2018), ao estudar a violência de gênero no Brasil, destaca que as mulheres indígenas e quilombolas dessa região enfrentam uma dupla opressão: além da violência de gênero, elas sofrem discriminação étnico-racial, o que amplifica seu sofrimento e dificulta o acesso à justiça. Essas populações, muitas vezes, estão localizadas em áreas remotas, onde a presença do Estado é mínima, o que torna a denúncia e a punição dos agressores ainda mais complicadas.

A região Nordeste também apresenta elevados índices de violência contra as mulheres, com estados como Pernambuco e Bahia liderando as estatísticas de agressões físicas e feminicídios. A socióloga Heleieth Saffioti, em seus estudos sobre violência de gênero, argumenta que a cultura patriarcal, profundamente enraizada nas tradições nordestinas, contribui para a perpetuação do ciclo de violência. Essa cultura se manifesta em práticas como o machismo e a subordinação feminina, que legitimam e perpetuam a violência contra as mulheres como parte da dinâmica familiar.

O Centro-Oeste, com destaque para o estado de Mato Grosso do Sul, também enfrenta desafios consideráveis no combate à violência de gênero. Esta região, marcada por uma forte presença rural e agropecuária, possui uma alta taxa de feminicídios, em parte devido ao isolamento das comunidades rurais e à dificuldade de acesso a serviços de apoio. A criminóloga Soraia da Rosa Mendes (2017) aponta que a cultura do agronegócio, predominantemente masculina e conservadora, também contribui para a manutenção de práticas violentas contra as mulheres, muitas vezes invisibilizadas pela distância dos centros urbanos.

Entretanto, é na região Sudeste que se concentra uma das maiores preocupações no que tange à violência contra as mulheres, especialmente no estado do Rio de Janeiro. Este estado não só registra altos índices de violência doméstica, mas também é palco de uma crescente violência sexual e feminicídios. O Dossiê Mulher 2023, publicado pelo Instituto de Segurança Pública do Rio de Janeiro, indica que mais de 400 mulheres foram vítimas de feminicídio entre 2022 e 2023 no estado, sendo que a maioria dos casos ocorreu em contextos de violência doméstica.

O Rio de Janeiro é um caso emblemático, pois combina fatores de urbanização intensa, desigualdade social extrema e a presença de grupos armados, como milícias e facções criminosas, que amplificam a vulnerabilidade das mulheres. A pesquisadora Jacqueline Pitanguy (2021), ao analisar a violência contra as mulheres nas grandes metrópoles brasileiras, aponta que o controle territorial por parte desses grupos criminosos cria zonas de impunidade, onde a violência contra as mulheres é rotineira e frequentemente invisibilizada. A atuação das milícias, por exemplo, muitas vezes impede que as mulheres denunciem seus agressores por medo de represálias, perpetuando o ciclo de violência.

Outro fator importante a ser considerado na análise da violência contra as mulheres no Brasil é a violência institucional. Nas regiões Sul e Sudeste, onde a presença do Estado é mais consolidada, a violência de gênero também se manifesta por meio de ações e omissões de instituições públicas. A antropóloga Débora Diniz (2017), em seus estudos sobre a violência obstétrica, aponta que muitas mulheres, especialmente as de baixa renda e negras, sofrem violência durante o parto, como maustratos e procedimentos médicos realizados sem consentimento.

Essa forma de violência, embora menos discutida, é uma manifestação clara de como a violência de gênero se infiltra nas instituições de saúde e justiça.

Além disso, é importante destacar que a violência psicológica, embora menos visível que a física, é uma das formas mais comuns de violência contra as mulheres em todo o Brasil. A psicóloga Ana Maria Rabelo Gomes (2020) sublinha que essa forma de violência, caracterizada por humilhações, ameaças e manipulações emocionais, destrói gradualmente a autoestima das mulheres e as mantém presas em relacionamentos abusivos. Os dados do Mapa da Violência 2023 mostram que a violência psicológica está presente em mais de 70% dos casos de violência doméstica registrados no Brasil, evidenciando a necessidade de políticas públicas que abordem essa forma de abuso.

O ciclo de violência também tem implicações diretas para a saúde mental das mulheres. Estudos realizados pelo Ministério da Saúde indicam que as mulheres vítimas de violência doméstica são três vezes mais propensas a desenvolver transtornos mentais, como depressão e ansiedade, em comparação com aquelas que não vivenciam esse tipo de violência. Esses dados são alarmantes, pois revelam como o ciclo de violência não só ameaça a vida física das mulheres, mas também corrói sua saúde mental, levando muitas vezes a situações de desesperança e suicídio.

Por fim, é crucial ressaltar a importância da implementação e efetivação de políticas públicas para a prevenção e combate à violência contra as mulheres em todas as regiões do Brasil. A Lei Maria da Penha, embora seja um marco na luta contra a violência de gênero, ainda enfrenta desafios significativos em sua aplicação, especialmente em áreas rurais e regiões com pouca presença do Estado. A socióloga Wânia Pasinato (2019) destaca que, para romper o ciclo de violência, é necessário não só punir os agressores, mas também investir em programas de apoio às vítimas, educação para a igualdade de gênero e campanhas de sensibilização que alcancem todas as camadas da sociedade.

O ciclo de violência contra as mulheres no Brasil é um problema complexo e multifacetado que varia conforme a região, mas que afeta profundamente a vida de milhares de mulheres em todo o país. A análise dos tipos de violência e seus impactos regionais revela a necessidade urgente de uma abordagem integrada e eficaz para combater esse fenômeno, que continua a ser uma das maiores violações dos direitos humanos em nossa sociedade.

Tipos de Violência Contra as Mulheres

A violência contra as mulheres pode ser categorizada em diferentes tipos, cada uma com suas características e consequências:

Violência Física

Refere-se a qualquer ato que cause dano corporal à mulher, como espancamentos, torturas e assassinatos. Segundo o Atlas da Violência 2023, o Brasil registrou uma taxa de 3,4 homicídios de mulheres para cada 100 mil habitantes, sendo que a maioria das vítimas foi assassinada por parceiros ou ex-parceiros.

A violência física é a forma mais visível de agressão e uma das mais denunciadas, mas não a única. Maria Filomena Gregori (2018) ressalta que a violência física é apenas a ponta do iceberg em um ciclo que inclui também violência psicológica, sexual, patrimonial e moral. No Rio de Janeiro, a violência física contra as mulheres é exacerbada pela presença de facções criminosas que controlam territórios inteiros, impondo leis próprias e criando ambientes de impunidade. A violência é usada como uma forma de controle social, não apenas no contexto doméstico, mas também nas ruas e nos espaços públicos.

A violência física, como forma de agressão, é muitas vezes percebida como a mais visível e denunciada entre os diversos tipos de violência de gênero. No entanto, sua visibilidade não deve obscurecer a complexidade e a profundidade dos danos que causa. De acordo com Maria Filomena Gregori (2018), a violência física representa apenas a superfície de um ciclo mais amplo de abuso, que inclui violência psicológica, sexual, patrimonial e moral. No contexto do Rio de Janeiro, a gravidade da violência física é intensificada pela presença de facções criminosas que dominam territórios e impõem suas próprias "leis". Este cenário de violência generalizada cria uma cultura de impunidade, na qual as agressões físicas contra as mulheres se tornam uma ferramenta de controle social, não só no espaço doméstico, mas também nas ruas e em outros espaços públicos.

As sequelas da violência física em mulheres vão muito além das lesões corporais imediatas. Estudos de saúde pública e psicologia demonstram que as vítimas de violência física frequentemente enfrentam uma série de consequências de longo prazo que afetam sua saúde física e mental. Segundo Minayo (2017), as agressões físicas podem resultar em traumas graves, como fraturas, contusões, danos internos e até invalidez. Além disso, essas mulheres estão em maior risco de desenvolver doenças crônicas, como hipertensão e diabetes, devido ao estresse contínuo e ao estado de alerta constante em que vivem.

No âmbito psicológico, a violência física está fortemente associada a transtornos mentais, como depressão, ansiedade e transtorno de estresse pós-traumático (TEPT). Ana Maria Rabelo Gomes (2020) destaca que, além dos danos físicos, a violência física causa profundas feridas emocionais que muitas vezes são invisíveis, mas igualmente devastadoras. O constante medo de novas agressões, a humilhação e a perda da autoestima são características comuns em mulheres que sofrem violência física. Essa situação cria um ciclo vicioso em que a vítima, debilitada tanto física quanto emocionalmente, encontra-se presa em um estado de vulnerabilidade que dificulta a busca por ajuda ou a saída da relação abusiva.

Ainda segundo Gregori (2018), a violência física também pode ter implicações sociais e econômicas graves para as mulheres. Muitas vítimas são forçadas a se afastar do trabalho devido às lesões ou por medo de enfrentar o agressor, resultando em perda de renda e, consequentemente, maior dependência econômica do parceiro abusivo. Essa dependência reforça a submissão da mulher ao ciclo de violência, pois ela se vê sem alternativas viáveis para garantir sua própria subsistência e a de seus filhos.

No Rio de Janeiro, a violência física contra as mulheres é exacerbada pelas condições de vida em áreas dominadas por facções criminosas, onde o Estado tem presença limitada ou inexistente. Nessas regiões, o controle territorial exercido por essas facções impõe uma "lei do silêncio" que desestimula as vítimas a denunciarem os abusos, temendo represálias ainda mais severas. Segundo Pasinato (2019), essa falta de acesso à justiça e a serviços de apoio adequados agrava a situação das mulheres, que se tornam reféns de uma violência sistêmica e institucionalizada.

A falta de atendimento médico adequado após episódios de violência física também contribui para a perpetuação dos danos. Muitas mulheres não recebem o tratamento necessário para suas lesões, o que pode resultar em complicações médicas a longo prazo. Minayo (2017) aponta que, em muitos casos, as mulheres agredidas não têm acesso a serviços de saúde mental, o que impede a recuperação emocional e aumenta a probabilidade de problemas psicológicos persistirem ou se agravarem.

Além das consequências diretas da violência física, a literatura aponta para um impacto intergeracional, o qual os filhos das mulheres agredidas também sofrem as consequências, tanto física quanto psicologicamente. Estudos indicam que crianças que testemunham violência doméstica têm maior probabilidade de desenvolver problemas emocionais, comportamentais e de saúde mental. Ana Maria Rabelo Gomes (2020) enfatiza que a exposição contínua à violência física pode normalizar a agressão na mente dessas crianças, perpetuando o ciclo de violência nas futuras gerações.

A abordagem legal e social da violência física contra as mulheres no Brasil ainda enfrenta muitos desafios. Embora a Lei Maria da Penha tenha representado um avanço significativo, Wânia Pasinato (2019) destaca que a implementação efetiva da lei ainda é deficiente, especialmente em áreas periféricas e em regiões de conflito urbano, como o Rio de Janeiro. A falta de treinamento adequado dos profissionais de segurança e a ausência de políticas públicas integradas limitam a eficácia das medidas de proteção e de responsabilização dos agressores.

A violência física contra as mulheres no Brasil, e particularmente no Rio de Janeiro, não pode ser vista de forma isolada. Ela faz parte de um ciclo mais amplo de violência de gênero que inclui diferentes formas de abuso e tem consequências devastadoras para a saúde física, mental e social das vítimas. Estudos como os de Gregori, Gomes e Pasinato nos mostram que é necessário um esforço coordenado para romper esse ciclo, incluindo a promoção de políticas públicas efetivas, o fortalecimento das redes de apoio e a conscientização da sociedade sobre a gravidade e a complexidade desse problema.

Violência Psicológica

Esta forma de violência inclui humilhação, controle emocional, chantagem e ameaças, que levam à diminuição da autoestima e à dependência emocional. De acordo com Lima (2018), a violência psicológica é uma das mais comuns e menos denunciadas, devido à sua natureza subjetiva.

A violência psicológica contra as mulheres é uma forma de abuso que, embora menos visível do que a física, provoca danos igualmente devastadores. Segundo a psicóloga Ana Maria Rabelo Gomes (2020), esse tipo de violência frequentemente passa despercebido, pois não deixa marcas físicas evidentes. Contudo, seus efeitos sobre a autoestima, a saúde mental e o bem-estar geral das vítimas são profundamente prejudiciais. A violência psicológica inclui uma variedade de comportamentos abusivos, como manipulações emocionais, humilhações constantes, ameaças e isolamento social, todos destinados a enfraquecer o sentido de identidade e autonomia da mulher.

Uma das formas mais insidiosas de violência psicológica é o *gaslighting*, um tipo de manipulação emocional em que o agressor distorce ou nega a realidade da vítima, levando-a a questionar sua sanidade e percepção. Segundo Stern (2018), o *gaslighting* é uma ferramenta de controle extremamente eficaz, pois mina a confiança da vítima em si mesma e em suas próprias experiências. Esse tipo de abuso é particularmente difícil de identificar e denunciar, pois o agressor frequentemente apresenta-se como uma figura confiável, o que intensifica o sentimento de dúvida e confusão na vítima.

Outro padrão de abuso psicológico é o *love bombing*, em que o agressor inicialmente bombardeia a vítima com demonstrações excessivas de afeto e atenção, apenas para, posteriormente, retirar esse afeto de forma abrupta e manipuladora. De acordo com Taitz (2019), o *love bombing* cria uma dinâmica de dependência emocional, na qual a vítima se sente compelida a manter o relacionamento abusivo na esperança de recuperar o afeto perdido. Essa técnica é particularmente eficaz em criar um ciclo de abuso emocional, no qual a vítima se torna cada vez mais submissa e vulnerável ao controle do agressor.

Além desses tipos de abuso, a violência psicológica também pode se manifestar por meio de ameaças, humilhações públicas e isolamento social. Gomes (2020) destaca que as ameaças, que podem ser tanto de violência física quanto de abandono ou destruição de reputação, são frequentemente utilizadas para manter a vítima em um estado constante de medo e ansiedade. As humilhações, por sua vez, servem para desvalorizar e degradar a autoestima da mulher, enquanto o isolamento social a priva de redes de apoio e dificulta sua capacidade de buscar ajuda.

No contexto do Rio de Janeiro, o impacto da violência psicológica é agravado pelo ambiente de violência urbana e pela instabilidade social. Como observado por Pasinato (2019), as mulheres que vivem em áreas dominadas por facções criminosas ou em situações de pobreza extrema enfrentam níveis elevados de estresse e medo, o que exacerba os efeitos da violência psicológica. Essas mulheres muitas vezes se veem presas em ciclos de abuso, incapazes de romper com as relações abusivas devido à falta de recursos, apoio social ou alternativas seguras.

A violência psicológica tem efeitos profundos e duradouros na saúde mental das mulheres. Segundo a Organização Mundial da Saúde (2014), as vítimas de violência psicológica têm maior probabilidade de desenvolver transtornos como depressão, ansiedade, transtorno de estresse pós-traumático (TEPT) e suicídio. Essas condições são frequentemente exacerbadas pela falta de apoio e pela contínua exposição ao abuso, criando um ciclo de deterioração mental e emocional que pode ser difícil de interromper.

No Brasil, a compreensão e o combate à violência psicológica ainda são limitados. A Lei Maria da Penha (Lei n° 11.340/2006) representou um avanço significativo ao reconhecer a violência psicológica como uma forma de violência doméstica, mas, conforme apontado por Wânia Pasinato (2019), a aplicação efetiva dessa legislação ainda enfrenta desafios, especialmente em áreas de alta vulnerabilidade social, como o Rio de Janeiro. A falta de capacitação adequada das autoridades e a escassez de serviços de apoio psicológico para as vítimas são barreiras que dificultam a proteção e o atendimento adequado às mulheres em situação de violência.

O estudo da violência psicológica contra as mulheres é um campo em expansão, com contribuições significativas de pesquisadores como Gregori (2018), que explora as dinâmicas de poder e controle presentes nas relações abusivas, e Gomes (2020), que destaca os impactos psicológicos de longo prazo. A literatura também sugere a necessidade de abordagens integradas que considerem não apenas o aspecto individual, mas também os contextos sociais e culturais que perpetuam a violência psicológica.

Portanto, a violência psicológica deve ser entendida como uma forma de abuso profundamente enraizada nas relações de poder desiguais entre homens e mulheres. Seu impacto vai além do indivíduo, afetando a saúde mental, o bem-estar social e a qualidade de vida das mulheres. Para combater essa forma de violência, é essencial que políticas públicas, programas de apoio e campanhas de conscientização sejam implementados de maneira eficaz, garantindo que as vítimas tenham acesso a recursos e suporte para romper com o ciclo de abuso e reconstruir suas vidas.

Violência Sexual

Envolve qualquer forma de coerção sexual, incluindo estupro e abuso sexual. Dados do Anuário Brasileiro de Segurança Pública (2024) indicam que, em 2023, houve mais de 66 mil casos de estupro registrados no Brasil, sendo a maioria das vítimas mulheres.

A violência sexual é uma das mais graves formas de opressão contra as mulheres, permeada por dinâmicas de poder e controle sobre o corpo feminino. Segundo Jacqueline Pitanguy (2021), essa violência é um reflexo da desigualdade de gênero profundamente enraizada na sociedade, em que o corpo da mulher é frequentemente objetificado e subjugado à vontade masculina. No contexto do Rio de Janeiro, os casos de violência sexual se destacam tanto em ambientes domésticos quanto públicos, agravados por uma cultura do estupro que normaliza o abuso e pela falta de apoio e assistência adequada às vítimas. Essa situação é exacerbada por um sistema de justiça ineficaz, que muitas vezes falha em responsabilizar os agressores, perpetuando um ciclo de impunidade e vulnerabilidade.

Tipos de Violência Sexual e Suas Implicações

A violência sexual pode se manifestar de várias formas, sendo o estupro uma das mais conhecidas e devastadoras. O estupro é definido como qualquer ato sexual não consensual, imposto por meio de força, coerção ou incapacidade da vítima de consentir. Dentro dessa definição ampla, há subcategorias como o estupro de vulneráveis, que ocorre quando a vítima está incapaz de dar consentimento válido, seja por estar inconsciente, sob efeito de álcool ou drogas, ou por ser menor de idade. O estupro de vulneráveis é particularmente alarmante, pois, além de violar a integridade física e psicológica da vítima, também implica em abuso de poder, em que a vítima é manipulada ou forçada em um estado de vulnerabilidade extrema (SAFFIOTI, 1997).

Outro tipo de violência sexual, muitas vezes invisibilizado, é o estupro conjugal ou estupro consentido, no qual um dos cônjuges, geralmente a mulher, é coagido ou pressionado a manter relações sexuais contra sua vontade. Embora o casamento seja socialmente visto como uma instituição de intimidade consensual, muitos casamentos ocultam uma dinâmica de abuso sexual, em que o consentimento é presumido, mesmo na ausência de desejo ou vontade. Esse tipo de violência é muitas vezes normalizado dentro das relações conjugais, dificultando a identificação e a denúncia do abuso (PITANGUY, 2021).

Além do estupro, há também o abuso sexual, que envolve qualquer forma de contato sexual não consensual ou indesejado. Esse tipo de violência pode ocorrer em diferentes contextos, como no ambiente de trabalho, em que as relações de poder entre superiores e subordinados são exploradas para obter favores sexuais. O abuso sexual pode incluir toques indesejados, exposição indecente, e outras formas de assédio que não necessariamente envolvem penetração, mas que são igualmente traumáticas e violadoras (GREGORI, 2018).

O assédio sexual, por sua vez, refere-se a comportamentos de natureza sexual que são indesejados e que criam um ambiente hostil, intimidador ou humilhante para a vítima. O assédio pode ocorrer em diferentes esferas da vida, incluindo o trabalho, a escola e os espaços públicos. Esse tipo de violência é frequentemente caracterizado por comentários inapropriados, gestos obscenos, e outras formas de abordagem que, embora possam parecer menos agressivas em comparação ao estupro, causam profundo impacto na saúde mental e emocional das vítimas. Segundo Butler (1990), o assédio sexual está enraizado nas normas de gênero que sexualizam e objetificam as mulheres, perpetuando uma cultura de impunidade e desrespeito.

As sequelas da violência sexual são vastas e complexas, afetando as vítimas de maneira física, psicológica e emocional. Fisicamente, as vítimas de estupro e abuso sexual podem sofrer lesões graves, contrair doenças sexualmente transmissíveis, e enfrentar complicações ginecológicas que podem afetar sua saúde reprodutiva a longo prazo. Psicologicamente, o impacto é igualmente devastador. As vítimas frequentemente desenvolvem transtornos de estresse pós-traumático (TEPT), depressão, ansiedade e outras condições de saúde mental que podem perdurar por anos após o incidente. Essas condições são exacerbadas pela revitimização que muitas vezes ocorre quando as vítimas buscam justiça, enfrentando descrença, culpabilização e estigmatização social (GOMES, 2020).

No Rio de Janeiro, onde a violência sexual é exacerbada por fatores sociais como a desigualdade e a presença de facções criminosas, as sequelas para as vítimas são ainda mais graves. A falta de acesso a serviços de apoio, a impunidade dos agressores e a normalização da violência sexual criam um ambiente onde as vítimas se sentem desamparadas e desprotegidas. De acordo com dados do Fórum Brasileiro de Segurança Pública (2023), o Rio de Janeiro apresenta um dos maiores índices de violência sexual do país, com casos particularmente concentrados em áreas periféricas e comunidades carentes, onde a presença do Estado é limitada e o acesso à justiça é precário.

Dada a gravidade e a prevalência da violência sexual, é crucial a implementação de políticas públicas eficazes que garantam a proteção das vítimas e a responsabilização dos agressores. Pitanguy (2021) argumenta que a prevenção da violência sexual deve ser uma prioridade para as políticas de segurança pública, com enfoque na educação e conscientização social, além do fortalecimento das redes de apoio às vítimas. As políticas devem garantir que as mulheres tenham acesso a serviços de saúde mental, assistência jurídica e proteção contra a revitimização.

Além disso, a educação sobre consentimento e respeito à autonomia corporal é fundamental para combater a cultura do estupro e mudar as normas sociais que perpetuam a violência sexual. A responsabilização dos agressores, por meio de processos judiciais rigorosos e a aplicação efetiva da lei, é essencial para desincentivar a prática da violência sexual e garantir a justiça para as vítimas.

Violência Patrimonial

Consiste na destruição ou retenção de bens, recursos financeiros ou documentos pessoais da mulher, com o intuito de controlá-la ou puni-la. Como apontado por Almeida (2019), muitas mulheres permanecem em relações abusivas por temerem perder sua estabilidade financeira.

A violência patrimonial, frequentemente invisibilizada em debates sobre violência de gênero, é uma forma insidiosa e devastadora de controle e abuso. Soraia da Rosa Mendes (2017) define a violência patrimonial como qualquer ato que implique a subtração, retenção ou destruição de bens, valores, direitos ou documentos das mulheres, com o intuito de controlá-las, dominá-las ou mantê-las uma situação de dependência econômica. No Brasil, essa forma de violência é uma realidade alarmante, especialmente em contextos de vulnerabilidade econômica, como nas periferias do Rio de Janeiro, onde a desigualdade social é acentuada e as oportunidades de empoderamento feminino são severamente limitadas.

Podendo manifestar-se de várias maneiras, todas com graves consequências para as vítimas. Um exemplo é a "chantagem econômica", onde o agressor controla o acesso da mulher aos recursos financeiros, impedindo-a de gerir seu próprio dinheiro ou de ter acesso a recursos essenciais. Esse tipo de abuso é comum em relações, nas quais a mulher depende financeiramente do parceiro, sendo impedida de trabalhar ou forçada a entregar todo seu salário ao agressor. Esse controle econômico é uma forma de aprisionamento, que reduz a autonomia da mulher e perpetua sua dependência (MENDES, 2017).

Outro aspecto crucial da violência patrimonial é o uso dos filhos como moeda de troca. Em muitos casos, o agressor ameaça tirar a guarda dos filhos ou usa as crianças como meio de coagir a mulher a permanecer em uma relação abusiva. Essa tática não apenas manipula os sentimentos maternos da mulher, mas também a coloca em uma posição de extremo desespero, pois teme perder o contato com os filhos ou vê-los sofrer nas mãos de um pai abusivo. Essa forma de violência é particularmente destrutiva, pois além de afetar a saúde mental e emocional da mulher, também impacta diretamente o bem-estar das crianças envolvidas (PINHEIRO, 2019).

A destruição de bens materiais é outra faceta da violência patrimonial, na qual o agressor danifica ou destrói objetos de valor sentimental ou financeiro da mulher, como documentos, veículos, eletrodomésticos ou mesmo itens pessoais importantes. Essa destruição não apenas causa perdas materiais, mas também tem efeito psicológico devastador, uma vez que simboliza a total falta de controle da mulher sobre sua vida e seus pertences. Além disso, a destruição de bens essenciais pode colocar a mulher em uma situação de vulnerabilidade extrema, impedindo-a de buscar ajuda ou fugir da situação de abuso (BRASIL, 2020).

As sequelas da violência patrimonial são profundas e de longo prazo, afetando a saúde mental, emocional e econômica das vítimas. No aspecto psicológico, as mulheres que sofrem esse tipo de violência frequentemente desenvolvem transtornos de ansiedade, depressão e baixa autoestima, agravados pela constante humilhação e perda de autonomia. A manipulação econômica e a destruição de bens geram um sentimento de impotência, que pode levar ao isolamento social e à incapacidade de buscar suporte externo (GOMES, 2020).

Economicamente, a violência patrimonial coloca as mulheres em um ciclo de pobreza e dependência. Sem acesso a recursos financeiros, muitas mulheres são forçadas a permanecer em relações abusivas por não terem meios para se sustentarem ou para sustentarem seus filhos. Esse ciclo perpetua a vulnerabilidade das mulheres e as mantém presas a uma dinâmica de poder que favorece o agressor. Em contextos como o do Rio de Janeiro, onde a desigualdade social é intensa e as redes de apoio são insuficientes, as mulheres vítimas de violência patrimonial enfrentam barreiras adicionais para romper com o ciclo de violência e reconstruir suas vidas (PITANGUY, 2021).

No Rio de Janeiro, a violência patrimonial é exacerbada pela alta taxa de desemprego e pela precariedade das condições de vida nas comunidades periféricas. A falta de políticas públicas eficazes que promovam a autonomia econômica das mulheres contribui para a perpetuação dessa forma de violência. A presença de facções criminosas e a insegurança generalizada agravam ainda mais a situação, pois limitam o acesso das mulheres a serviços de proteção e justiça. Além disso, a cultura patriarcal profundamente enraizada na sociedade carioca perpetua a ideia de que a mulher deve ser submissa e dependente do homem, dificultando ainda mais a denúncia e o enfrentamento da violência patrimonial (NASCIMENTO, 2022).

Dada a gravidade da violência patrimonial, é crucial que as políticas públicas sejam fortalecidas para garantir a autonomia econômica das mulheres e a responsabilização dos agressores. Mendes (2017) destaca a necessidade de programas de capacitação profissional e empreendedorismo voltados para mulheres em situação de vulnerabilidade, como forma de romper com o ciclo de dependência. Além disso, é essencial que o sistema de justiça seja mais eficaz em reconhecer e punir a violência patrimonial, garantindo que as mulheres tenham acesso à proteção legal e à reparação dos danos sofridos.

A educação e a conscientização sobre os direitos econômicos das mulheres são fundamentais para prevenir a violência patrimonial e promover a igualdade de gênero. Programas de apoio psicológico e assistência jurídica devem ser amplamente divulgados e acessíveis, especialmente nas áreas de maior vulnerabilidade social. A criação de abrigos e centros de apoio para mulheres vítimas de violência, com foco na reestruturação econômica e emocional, é uma medida urgente para assegurar que essas mulheres possam reconstruir suas vidas com dignidade e segurança.

Violência Moral

Envolve a difamação, calúnia e injúria, afetando a reputação e a dignidade da mulher. Este tipo de violência é amplamente discutido por Saffioti (1995), que destaca como a violência moral é usada para silenciar e descredibilizar as mulheres.

O conceito de violência moral, abordado por Débora Diniz (2017), refere-se à agressão à dignidade das mulheres por meio de calúnias, difamações e insultos. No Rio de Janeiro, a violência moral é frequentemente usada para desqualificar e silenciar as mulheres, especialmente aquelas que ousam desafiar normas sociais ou denunciar abusos. Diniz argumenta que a violência moral é uma ferramenta poderosa para manter as mulheres em uma posição subalterna, perpetuando o ciclo de violência e impedindo o acesso a direitos básicos. É uma forma insidiosa de agressão que ataca a dignidade e a integridade moral das mulheres por meio de práticas como calúnia, difamação e insultos. Essa violência é particularmente perniciosa porque muitas vezes passa despercebida ou é minimizada, tanto pelas vítimas quanto pela sociedade, sendo erroneamente interpretada como algo trivial ou parte normal das interações sociais. No contexto do Rio de Janeiro, a violência moral é amplificada pela cultura patriarcal que permeia as relações sociais, em que as mulheres que se atrevem a desafiar as normas estabelecidas ou a denunciar abusos são frequentemente desqualificadas e silenciadas.

As sequelas da violência moral podem ser devastadoras, afetando profundamente a saúde mental e emocional das mulheres. Ao serem submetidas a calúnias e difamações constantes, as mulheres podem experimentar sentimentos de vergonha, culpa e inadequação, que corroem sua autoestima e identidade. Diniz (2017) enfatiza que a violência moral é uma ferramenta eficaz para manter as mulheres em uma posição subalterna, pois mina sua confiança em si mesmas e nas suas capacidades, levando muitas a se autocensurar e a evitar situações em que possam ser novamente expostas ao abuso.

Além disso, a violência moral tem o efeito de isolar socialmente as mulheres, uma vez que o estigma associado à difamação pode afastá-las de suas redes de apoio, como família, amigos e colegas de trabalho. Esse isolamento torna mais grave a vulnerabilidade das vítimas, que ficam mais suscetíveis a outras formas de violência, como a psicológica e a patrimonial. A violência moral também pode resultar em transtornos psicológicos graves, como ansiedade, depressão e síndrome do pânico, que demandam tratamento especializado e prolongado (SOUZA, 2019).

Um dos maiores desafios no combate à violência moral é a demora na percepção dessa forma de abuso. Muitas mulheres demoram a reconhecer que estão sendo vítimas de violência moral, seja porque os atos de calúnia e difamação são sutis e graduais, seja porque a sociedade tende a normalizar essas práticas como parte das interações cotidianas. Diniz (2017) argumenta que essa normalização está enraizada em uma cultura que desvaloriza a voz e a experiência das mulheres, tornando-as mais vulneráveis a aceitar a violência moral como algo "normal" ou "não tão grave".

No ambiente de trabalho, por exemplo, a violência moral pode se manifestar por meio de comentários depreciativos, boatos e sabotagem profissional, que visam desqualificar as mulheres e impedir seu avanço na carreira. No ambiente familiar, a violência moral frequentemente se disfarça de "críticas construtivas" ou "conselhos", mas na verdade busca controlar e diminuir a autonomia das mulheres. Já no círculo de amigos, pode ocorrer por meio de "insultos disfarçados de brincadeiras" ou de um tratamento desigual que marginaliza a mulher dentro do grupo (FERREIRA, 2020).

A Normalização da Violência Moral

A normalização da violência moral na sociedade brasileira é um reflexo do sistema patriarcal que perpetua a ideia de que as mulheres devem ser subservientes e aceitar passivamente a desvalorização de sua dignidade. Esse processo de normalização é reforçado por discursos midiáticos e culturais que frequentemente culpabilizam as mulheres por sua própria vitimização, sugerindo que elas são sensíveis demais ou que "não sabem brincar". Diniz (2017) aponta que essa visão distorcida não apenas perpetua a violência moral, mas também dificulta a denúncia e a responsabilização dos agressores.

Tipos de Violência Moral

A violência moral pode se manifestar de diversas maneiras, dependendo do contexto em que ocorre. Entre os principais tipos estão:

Calúnia: Acusação falsa que visa prejudicar a reputação da mulher, fazendo com que ela seja vista como culpada por atos que não cometeu. Esse tipo de violência é comum em disputas de guarda ou em contextos nos quais a mulher desafia normas estabelecidas.

Difamação: Propagação de informações negativas e falsas sobre a mulher, com o objetivo de manchar sua reputação e afastá-la de suas redes de apoio. A difamação pode ocorrer tanto em ambientes privados quanto públicos, inclusive nas redes sociais.

Injúria: Insultos e ofensas direcionados à mulher, com o objetivo de desqualificá-la moralmente e reduzir sua autoestima. Esse tipo de violência é comum em relacionamentos abusivos, em que o agressor constantemente diminui a mulher para mantê-la sob controle (SOUZA, 2019).

As consequências da violência moral vão além das vítimas diretas, afetando toda a sociedade ao perpetuar a desigualdade de gênero e a violência sistêmica contra as mulheres. Quando a violência moral é ignorada ou minimizada, envia-se uma mensagem de que as mulheres são cidadãs de segunda classe, cujas vozes e dignidade podem ser desrespeitadas impunemente. Isso fortalece um ciclo de violência que atinge não apenas as mulheres, mas também as futuras gerações, que crescem em um ambiente onde a desigualdade e o abuso são normalizados (CARVALHO, 2021).

Violência Obstétrica: Definição e Impactos

A violência obstétrica é uma questão crítica que envolve práticas abusivas e desumanizantes durante o parto, refletindo tanto a medicalização excessiva quanto a falta de respeito pelos direitos das mulheres. Essa violência, que pode ser física, psicológica e simbólica, afeta negativamente a saúde e o bem-estar das parturientes, constituindo uma violação grave aos direitos humanos. No Brasil, a história da assistência ao parto é marcada por uma crescente medicalização, que, embora tenha trazido avanços tecnológicos, também consolidou práticas que muitas vezes desconsideram a autonomia das mulheres. O artigo de Nicida et al. (2023), "Medicalização do parto: os sentidos atribuídos pela literatura de assistência ao parto no Brasil," explora profundamente esse processo e sua relação com a violência obstétrica, proporcionando uma base importante para a compreensão dessa problemática.

Definição de Violência Obstétrica

A violência obstétrica é definida como qualquer ato praticado por profissionais de saúde que, direta ou indiretamente, cause dano físico, psicológico ou moral à parturiente, seja por ação ou omissão. Diniz (2012) descreve a violência obstétrica como um conjunto de práticas que desconsideram os desejos e necessidades das mulheres, impondo-lhes procedimentos médicos desnecessários ou conduzindo o parto de maneira coercitiva. Carneiro (2013) reforça essa visão ao destacar que a violência obstétrica não se limita ao uso de força física, mas inclui também a negligência, o uso de linguagem inadequada e a falta de informações claras e objetivas. Essa violência se manifesta em diferentes formas, desde a realização de episiotomias sem consentimento até a pressão para a realização de cesarianas desnecessárias, configurando um desrespeito à dignidade e aos direitos das mulheres.

O conceito de medicalização do parto refere-se ao processo pelo qual o nascimento, que é um evento natural, passou a ser tratado como um procedimento médico de alto risco, necessitando de constante intervenção profissional. No Brasil, a medicalização do parto está intrinsecamente ligada à violência obstétrica, uma vez que o aumento das intervenções médicas muitas vezes ocorre sem a devida justificativa, desconsiderando a autonomia da mulher e transformando o parto em um ato técnico, controlado majoritariamente pelos profissionais de saúde. O trabalho de Nicida et al. (2023) revela que a literatura sobre assistência ao parto no Brasil atribui sentidos diversos à medicalização, mas frequentemente critica a falta de sensibilidade e a abordagem padronizada que negligencia as particularidades de cada mulher.

Para entender a violência obstétrica no contexto brasileiro, é necessário analisar o histórico da medicalização do parto. Luiz Antônio da Silva Teixeira, um dos autores do artigo de Nicida et al., é uma figura central na análise da história da assistência ao parto no Brasil. Em trabalhos como "História da assistência ao parto no Brasil: o lugar do saber médico na constituição da prática obstétrica" (2008), Teixeira explora como a transição do parto domiciliar para o hospitalar, que se intensificou a partir da segunda metade do século XX, foi acompanhada por uma crescente intervenção médica. Segundo Teixeira (2008), essa transição foi impulsionada por uma visão tecnocrática da medicina, que vê o corpo da mulher como um objeto a ser controlado, levando à institucionalização do parto e ao aumento das cesáreas, muitas vezes realizadas sem necessidade clínica.

A medicalização do parto trouxe consequências significativas para as mulheres, tanto físicas quanto emocionais. Nicida et al. (2023) apontam que, apesar de algumas práticas médicas serem justificadas para garantir a segurança tanto da mãe quanto do bebê, o excesso de intervenções pode levar a complicações desnecessárias e ao aumento do trauma pós-parto. Além disso, Teixeira (2008) ressalta que a medicalização excessiva contribui para a perda da autonomia das mulheres, que muitas vezes são submetidas a procedimentos sem consentimento informado, resultando em sentimentos de impotência e desvalorização durante o processo de nascimento.

Formas de Violência Obstétrica

A violência obstétrica se manifesta de várias formas, sendo as mais comuns as intervenções médicas desnecessárias e o abuso psicológico. Misago et al. (2001) identificam a realização de episiotomias, cesáreas e a administração de ocitocina para acelerar o trabalho de parto como práticas frequentes que, embora apresentadas como medidas de segurança, muitas vezes são realizadas sem a devida justificativa clínica, configurando uma forma de violência obstétrica. Aguiar (2010) discute como essas intervenções, além de não serem necessárias na maioria dos casos, são realizadas sem o consentimento ou mesmo a ciência das mulheres, o que aumenta o sofrimento e a vulnerabilidade das parturientes.

Além das intervenções físicas, o abuso psicológico é uma forma insidiosa de violência obstétrica que muitas vezes passa despercebida. Schraiber e Diniz (2007) exploram como a linguagem coercitiva e a falta de comunicação clara durante o parto são formas de violência simbólica que desumanizam a experiência do nascimento. Essas práticas incluem desde a pressão para a realização de determinados procedimentos até a humilhação pública, como a ridicularização de gritos de dor ou a invalidação dos sentimentos e desejos da mulher durante o trabalho de parto. O impacto dessas práticas pode ser devastador, levando a traumas psicológicos duradouros e à sensação de que a mulher foi apenas um objeto no processo.

Os impactos da violência obstétrica vão além do momento do parto, afetando profundamente a saúde física e mental das mulheres. Leal et al. (2014) demonstram que mulheres que sofreram violência obstétrica têm maior risco de desenvolver transtornos como depressão pós-parto, transtorno de estresse pós-traumático (TEPT), e dificuldades no estabelecimento do vínculo com o bebê. Esses impactos são exacerbados em contextos de desigualdade social e racial, nos quais as mulheres negras e de baixa renda são frequentemente as mais vulneráveis a essas práticas abusivas.

Desigualdades de Gênero e Violência Obstétrica

A violência obstétrica também deve ser entendida dentro de um contexto mais amplo de desigualdades de gênero. Teixeira (2008) argumenta que a medicalização do parto é uma expressão do controle patriarcal sobre o corpo feminino, onde a autonomia das mulheres é frequentemente subordinada à autoridade médica. Este controle reflete uma lógica mais ampla de dominação masculina, na qual o corpo das mulheres é visto como algo a ser monitorado e controlado, em vez de ser respeitado como parte integral de sua identidade e autonomia. Autores como Scott (1990) e Foucault (1979) ampliam essa discussão ao explorar como as instituições médicas e sociais contribuem para a manutenção dessas desigualdades, reproduzindo estruturas de poder que silenciam e subjugam as mulheres.

A violência obstétrica não afeta apenas a saúde imediata das mulheres, mas também tem consequências duradouras no estabelecimento do vínculo materno-infantil e na amamentação. Estudos como o de Santos et al. (2016) indicam que as experiências traumáticas durante o parto podem prejudicar a amamentação, tanto pela falta de suporte emocional quanto pelos impactos físicos de intervenções desnecessárias, como cesáreas mal indicadas. A falta de um ambiente acolhedor e o desrespeito às escolhas das mulheres durante o parto criam barreiras para o início de uma amamentação bem-sucedida e para a criação de um vínculo saudável entre mãe e filho.

Em resposta à violência obstétrica e à medicalização excessiva do parto, surgiram no Brasil diversos movimentos sociais que promovem a humanização do parto. A Rede Parto do Princípio e o Coletivo Feminista Sexualidade e Saúde são exemplos de grupos que atuam na conscientização e no apoio às mulheres, defendendo práticas de parto que respeitem a autonomia, o desejo e o bem-estar das parturientes. Monticelli e Brüggemann (2013) discutem como a humanização do parto visa recuperar o protagonismo da mulher no processo de nascimento, promovendo uma assistência que valorize o parto natural, a redução de intervenções desnecessárias e a garantia de um ambiente respeitoso e acolhedor.

A humanização do parto também tem sido promovida por políticas públicas no Brasil, como a Rede Cegonha, que visa garantir às mulheres uma assistência de qualidade durante o pré-natal, parto e pós-parto, com foco na redução de cesáreas desnecessárias e no aumento de partos normais humanizados. Teixeira (2008) destaca a importância dessas políticas como uma resposta às críticas ao modelo medicalizado e como uma tentativa de resgatar o respeito pela experiência do parto como um evento natural e empoderador para as mulheres.

A violência obstétrica também está relacionada aos direitos reprodutivos das mulheres, que são garantidos por legislações nacionais e internacionais. A legislação brasileira, embora tenha avançado em termos de reconhecimento dos direitos das mulheres durante o parto, ainda enfrenta desafios na implementação de práticas que realmente garantam a autonomia e o respeito pelas escolhas das parturientes. Gonçalves (2011) argumenta que, apesar das políticas e leis em vigor, a efetiva proteção contra a violência obstétrica requer uma mudança cultural na maneira como o parto é encarado pelos profissionais de saúde e pela sociedade como um todo.

A violência obstétrica é uma questão complexa que reflete a interseção entre a medicalização do parto, as desigualdades de gênero e o controle patriarcal sobre o corpo feminino. Para combater essa forma de violência, é necessário não apenas mudanças nas práticas médicas, mas também uma transformação cultural mais ampla que valorize a autonomia das mulheres e respeite sua dignidade durante todo o processo de nascimento. O trabalho de pesquisadores como Luiz Antônio da Silva Teixeira é fundamental para entender as raízes históricas e sociais dessa problemática e para promover uma assistência ao parto que seja verdadeiramente humana e respeitosa.

CAPÍTULO

5

Violência Contra as Mulheres no Parto e no Pós-Parto: Uma Perspectiva Crítica

A violência contra as mulheres durante o parto e o pós-parto representa uma grave violação dos direitos humanos e um desafio significativo para os sistemas de saúde em todo o mundo. No Brasil, esse problema é particularmente agudo devido às condições de atendimento muitas vezes precárias e à persistência de práticas abusivas. Este capítulo oferece uma análise crítica da violência obstétrica e pós-parto, integrando as contribuições de Luiz Antonio Teixeira, Claudia Leite de Moraes, e outros pesquisadores brasileiros. A partir dessa perspectiva, discutiremos os impactos dessas violências, suas inter-relações e as necessidades de reformas no sistema de saúde.

A Relação entre Violência Obstétrica e Pós-Parto

Estudos recentes mostram que a violência obstétrica e a violência no pós-parto estão interligadas e se retroalimentam. O trabalho de Souza et al. (2023) explora como práticas desrespeitosas e abusivas durante o parto podem contribuir para a saúde mental comprometida das mulheres no pós-parto. Eles destacam que o tratamento inadequado durante o parto não apenas afeta a experiência imediata do nascimento, mas também tem repercussões significativas para a saúde mental e o bem-estar das mulheres após o parto (SOUZA et al., 2023).

Souza et al. (2023) enfatizam que a violência obstétrica pode predispor as mulheres a transtornos como depressão pós-parto, exacerbando a vulnerabilidade no período pós-parto. A falta de suporte emocional e a continuidade de práticas desrespeitosas após o parto criam um ambiente adverso que impede a recuperação adequada e a formação de vínculos positivos entre mãe e bebê. Essa dinâmica reforça a necessidade de uma abordagem integrada que considere tanto o parto quanto o pós-parto na formulação de políticas e práticas de cuidado.

Violência Obstétrica: Uma Análise Racial e Econômica no Brasil

A violência obstétrica, caracterizada por práticas desrespeitosas e abusivas durante o cuidado no parto, é um fenômeno que atinge de maneira desproporcional mulheres negras e de baixa renda no Brasil. Segundo Diniz (2015), essa forma de violência reflete as profundas desigualdades sociais e raciais presentes na sociedade brasileira, na qual mulheres de classes menos privilegiadas e de cor são mais vulneráveis a maus-tratos, intervenções desnecessárias e falta de autonomia durante o parto.

A interseccionalidade entre raça e classe social é central para compreender a dinâmica da violência obstétrica no Brasil. Conforme Santos (2018), a marginalização das mulheres negras nas estruturas de poder de saúde faz com que essas mulheres tenham menos acesso a cuidados adequados e sejam mais propensas a sofrer intervenções médicas sem consentimento, como cesarianas forçadas e episiotomias desnecessárias. Essas práticas são frequentemente justificadas por preconceitos raciais e estereótipos sobre a resistência física das mulheres negras, perpetuando a desumanização histórica dessas mulheres.

Goulart (2017) argumenta que a naturalização do sofrimento das mulheres durante o parto, especialmente das mulheres negras, é um dos principais fatores que sustentam a violência obstétrica. A ideia de que as mulheres negras são mais resistentes à dor e, portanto, podem suportar procedimentos invasivos sem a devida consideração, é uma crença enraizada no racismo científico e nas práticas médicas coloniais. Esse processo de desumanização contribui para a perpetuação da violência obstétrica, uma vez que as queixas das mulheres negras são frequentemente ignoradas ou minimizadas pelos profissionais de saúde.

O recorte econômico também desempenha um papel crucial na incidência da violência obstétrica. Segundo Leal et al. (2014), mulheres de baixa renda frequentemente dependem exclusivamente do Sistema Único de Saúde (SUS) para assistência no parto, onde enfrentam ambientes sobrecarregados, falta de recursos e, muitas vezes, atitudes negligentes por parte dos profissionais de saúde. A falta de investimentos adequados no SUS e a má distribuição de recursos exacerbam a vulnerabilidade dessas mulheres, que são tratadas com desdém e descaso, refletindo a desigualdade econômica do país.

A interseccionalidade entre raça e classe social é crucial para entender as dinâmicas da violência obstétrica no Brasil. Santos (2018) ressalta que a combinação de fatores raciais e econômicos coloca as mulheres negras e pobres em uma posição de vulnerabilidade extrema no sistema de saúde. A interseccionalidade revela como as desigualdades raciais e econômicas se entrelaçam para produzir formas únicas de opressão, que se manifestam na violência obstétrica. A análise interseccional permite uma compreensão mais profunda das experiências das mulheres negras e pobres no contexto do parto, destacando a necessidade de políticas públicas que abordem as desigualdades estruturais subjacentes à violência obstétrica.

Reis (2020) discute a importância das políticas públicas no combate à violência obstétrica, enfatizando a necessidade de uma abordagem interseccional que considere as desigualdades raciais e econômicas. A formação e a capacitação dos profissionais de saúde para reconhecer e enfrentar as desigualdades são fundamentais para reduzir a incidência de violência obstétrica. Além disso, a implementação de protocolos de atendimento que garantam o respeito à autonomia das mulheres e a criação de mecanismos eficazes de denúncia são medidas essenciais para combater a violência obstétrica. Essas políticas devem ser acompanhadas de uma mudança cultural nas instituições de saúde, que valorize a dignidade e os direitos das mulheres, independentemente de sua raça ou condição econômica.

Violência no Pós-Parto: Invisibilidade e Consequências

A violência contra as mulheres no pós-parto, muitas vezes negligenciada no debate público, constitui uma realidade com muitas facetas. Claudia Leite de Moraes, em seu artigo "Violência no Pós-Parto: A Realidade que Ninguém Vê" (MORAES, 2021), oferece uma análise detalhada dessa forma insidiosa de violência, destacando o impacto devastador que pode ter sobre a saúde física e mental das mulheres. O pós-parto, período de vulnerabilidade extrema, não é apenas um momento de transição, mas também um período em que as mulheres podem enfrentar múltiplas formas de abuso e negligência.

Moraes (2021) argumenta que o contexto pós-parto frequentemente perpetua a violência pela falta de apoio social e da pressão para cumprir expectativas irreais sobre a maternidade. Ela enfatiza que a experiência do pós-parto é frequentemente marcada por uma invisibilidade institucional, na qual as mulheres enfrentam dificuldades sem o suporte adequado. Essa invisibilidade é reforçada por uma cultura que muitas vezes desconsidera as necessidades emocionais e físicas das mães, resultando em ambiente propenso a abusos e negligências.

Além dos insights oferecidos por Moraes (2021), outros estudos corroboram a presença e a gravidade da violência no pós-parto. O trabalho de Matos e Silva (2022) sobre o impacto da violência doméstica na saúde pós-natal confirma que as mulheres que sofrem violência doméstica têm maior probabilidade de enfrentar complicações físicas e emocionais após o parto. Matos e Silva (2022) destacam que a violência doméstica durante o período pós-parto não só prejudica a saúde da mulher, mas também afeta negativamente o desenvolvimento da criança, criando um ciclo de sofrimento e negligência.

Souza et al. (2023) acrescentam uma dimensão adicional ao debate ao explorar a violência obstétrica como fator de risco significativo para o bem-estar das mulheres no pós-parto. De acordo com Souza et al. (2023), a violência obstétrica, que inclui o tratamento desrespeitoso e a falta de cuidado durante o parto, pode ter repercussões graves na saúde mental da mulher, contribuindo para o desenvolvimento de transtornos como depressão pós-parto. Este estudo sublinha a necessidade de uma abordagem mais sensível e respeitosa no atendimento obstétrico para prevenir o agravamento da violência no pós-parto.

Gomes e Almeida (2024) investigam o papel das redes de apoio e como sua ausência pode agravar a violência no pós-parto. Elas argumentam que a falta de suporte social adequado não apenas intensifica o sofrimento das mulheres, mas também as torna mais vulneráveis a formas de abuso e negligência. O estudo revela que mulheres sem uma rede de apoio sólida frequentemente enfrentam maiores dificuldades na adaptação ao papel materno, o que pode resultar em um ambiente mais propenso à violência e ao estresse.

Precisamos reconhecer que a violência contra as mulheres no pós-parto é um fenômeno complexo que não pode ser dissociado das estruturas sociais e culturais mais amplas. O reconhecimento e a compreensão dessas formas de violência são cruciais para a elaboração de políticas públicas eficazes e para a criação de redes de apoio adequadas. A pesquisa e o debate contínuos sobre esse tema são fundamentais para garantir que as necessidades das mulheres no pós-parto sejam atendidas com a seriedade e a urgência que merecem, promovendo um ambiente mais seguro e saudável para todas as mães.

A Importância das Redes de Apoio e Políticas Públicas

Gomes e Almeida (2024) investigam o papel das redes de apoio na mitigação da violência no pós-parto e destacam a importância de um suporte social adequado para o bem-estar das mulheres. Elas argumentam que a ausência de redes de apoio pode intensificar o sofrimento das mães e torná-las mais vulneráveis a formas de abuso e negligência. O estudo revela que mulheres sem uma rede de suporte sólida enfrentam maiores dificuldades na adaptação ao papel materno, o que pode resultar em um ambiente mais propenso à violência e ao estresse (GOMES; ALMEIDA, 2024).

A pesquisa de Gomes e Almeida (2024) sugere que o fortalecimento das redes de apoio e a criação de políticas públicas voltadas para o pós-parto são cruciais para reduzir a violência e melhorar a qualidade de vida das mães. Políticas que promovam um atendimento obstétrico respeitoso e humanizado, assim como programas de suporte social e emocional, são essenciais para criar um ambiente mais seguro e acolhedor para as mulheres após o parto.

Para abordar eficazmente a violência obstétrica e pós-parto, é fundamental adotar uma abordagem abrangente que integre reformas no atendimento obstétrico e no suporte pós-parto. A integração das pesquisas de Teixeira (2022), Moraes (2021), Souza et al. (2023) e Gomes e Almeida (2024) revela a necessidade de uma abordagem multifacetada que considere os impactos das práticas abusivas durante o parto e a importância de um suporte adequado no pós-parto.

Recomenda-se a implementação de políticas públicas que garantam um atendimento obstétrico respeitoso e humanizado, além de programas de apoio que atendam às necessidades emocionais e físicas das mães no pós-parto. A formação de redes de apoio robustas e a promoção de um ambiente de cuidado que respeite os direitos das mulheres são essenciais para prevenir a violência e promover a saúde e o bem-estar das mães e seus filhos.

CAPÍTULO

6

Prioridade Invertida: Quando o Valor do Feto Supera a Proteção das Crianças Abandonadas

A sociedade brasileira parece estar em uma encruzilhada moral em que a proteção ao feto é tratada com uma reverência que não se estende às crianças já nascidas. Esse contraste revela uma falha gritante nas políticas públicas e na ética social, que insistem em priorizar o valor da vida fetal enquanto negligenciam o abandono paterno e a proteção das crianças existentes. Essa dicotomia expõe a hipocrisia nas esferas judiciais e legislativas, que proclamam defender a vida, mas falham em garantir o bem-estar das crianças após o nascimento.

Conforme aponta Souza (2019), o sistema judiciário brasileiro é frequentemente leniente em casos de abandono parental, preferindo focar em questões de moralidade sexual e reprodutiva, enquanto a proteção real e efetiva das crianças é relegada a segundo plano. Essa postura é refletida na resistência em discutir e melhorar as leis que tratam da alienação parental, uma legislação que, como afirma Alves (2021), frequentemente protege pais abusadores e deixa as crianças ainda mais vulneráveis.

A situação se agrava quando analisamos o papel do Congresso Nacional. Como critica Oliveira (2020), enquanto inúmeros projetos de lei visam restringir o direito ao aborto legal, poucos são aqueles que realmente propõem medidas eficazes para combater o abandono parental. A insistência em proteger o "direito à vida" desde a concepção muitas vezes ignora o sofrimento e a vulnerabilidade das crianças nascidas, que são abandonadas ou maltratadas por aqueles que deveriam protegê-las.

Nesse contexto, é crucial reafirmar a importância do aborto legal como um direito reprodutivo essencial, que, segundo Silva (2022), não deve ser visto como antagônico ao direito à vida, mas como uma questão de saúde pública e autonomia feminina. A criminalização ou restrição do aborto não apenas coloca em risco a vida das mulheres, mas também perpetua uma narrativa que negligencia a responsabilidade paterna e o bem-estar infantil.

Em vista disso, é urgente que o debate público e as políticas legislativas se voltem para a criação de mecanismos mais rigorosos para punir o abandono parental e para garantir que os direitos reprodutivos das mulheres sejam respeitados e ampliados. Segundo Pereira (2021), apenas por meio de uma abordagem mais holística, que inclua a garantia dos direitos reprodutivos e a responsabilização parental, poderemos construir uma sociedade que verdadeiramente valorize a vida — em todas as suas etapas.

A Importância do Aborto Legal como Direito Reprodutivo

A legalização do aborto é uma questão central para a autonomia feminina e a saúde pública, envolvendo aspectos éticos, sociais, e econômicos. No Brasil, o aborto legal é um direito conquistado com muita luta, permitindo que as mulheres decidam sobre seus próprios corpos em situações específicas. No entanto, a PL 1904/2023 representa uma ameaça significativa a esse direito, propondo restrições que podem agravar a vulnerabilidade das mulheres, especialmente aquelas em situações de maior fragilidade social.

A criminalização do aborto não impede sua prática; ao contrário, empurra as mulheres para a clandestinidade, onde procedimentos inseguros resultam em complicações graves de saúde e até mesmo mortes. De acordo com o Ministério da Saúde (2023), o aborto inseguro é a quarta causa de mortalidade materna no Brasil, evidenciando que a proibição não protege vidas, mas as coloca em risco. Diversos estudos corroboram essa afirmação, como o trabalho de Diniz (2020), que demonstra a correlação direta entre a ilegalidade do aborto e as altas taxas de mortalidade materna.

Além disso, a ilegalidade do aborto reforça desigualdades sociais e econômicas. Mulheres de baixa renda, que não possuem acesso a serviços seguros de saúde, são as mais afetadas, perpetuando um ciclo de pobreza e marginalização. Conforme apontado por Sardenberg (2017), a criminalização penaliza duplamente as mulheres pobres: primeiro, pela falta de acesso à saúde reprodutiva, e segundo, pela criminalização de suas escolhas. Essa realidade contrasta com a experiência das mulheres de classes mais altas, que podem recorrer a clínicas privadas, muitas vezes com impunidade.

A garantia do direito ao aborto legal é também uma questão de justiça social. Como argumenta Petchesky (2016), a autonomia reprodutiva é essencial para que as mulheres possam exercer plenamente seus direitos humanos. Negar esse direito é perpetuar a opressão e a desigualdade de gênero. A criminalização do aborto força as mulheres a assumirem gestações indesejadas, o que tem impactos profundos em sua saúde mental e física, além de implicações econômicas e sociais duradouras.

O retrocesso desse direito, por meio de propostas legislativas como a PL 1904/2023, representa uma violência institucional contra as mulheres. Segundo Araújo (2018), o Estado, ao impor restrições ao aborto, está violando o direito fundamental das mulheres à autonomia sobre seus corpos. Este tipo de política coercitiva não apenas ignora as complexas realidades sociais que levam ao aborto, mas também coloca em risco a saúde e a vida das mulheres.

A PL 1904/2023, que visa restringir ainda mais o acesso ao aborto legal, é um reflexo das forças conservadoras que buscam impor uma moralidade particular sobre o corpo feminino. Como observa Facchini (2019), essas iniciativas não se baseiam em evidências científicas ou em preocupações com a saúde pública, mas em uma agenda política que visa controlar as mulheres e seus corpos. Esse tipo de legislação é particularmente prejudicial em um contexto em que o acesso a serviços de saúde já é desigual e limitado.

A saúde pública é profundamente impactada pela criminalização do aborto. De acordo com Souza (2019), os custos sociais e econômicos associados aos abortos inseguros são elevados, incluindo tratamentos hospitalares para complicações pós-aborto e a perda de produtividade das mulheres. Legalizar o aborto e garantir acesso seguro a este serviço não só salva vidas, mas também reduz custos para o sistema de saúde e melhora a qualidade de vida das mulheres.

Além disso, a manutenção do direito ao aborto é crucial para o enfrentamento da violência de gênero. Como aponta Santos (2020), muitas mulheres que recorrem ao aborto o fazem em contextos de violência, como abuso sexual ou relacionamentos abusivos. Negar-lhes o direito ao aborto legal é perpetuar essa violência, forçando-as a levar adiante gestações resultantes de atos violentos, o que pode ter impactos psicológicos devastadores.

A defesa do direito ao aborto legal também está intrinsecamente ligada à luta contra a violência obstétrica, uma forma de violência de gênero que ocorre dentro dos serviços de saúde. Conforme denuncia Costa (2017), mulheres que buscam abortos legais muitas vezes enfrentam julgamentos morais, humilhações e negação de cuidados, o que agrava ainda mais sua situação. A legalização e a humanização dos serviços de aborto são passos essenciais para combater essa forma de violência.

A proteção do direito ao aborto legal deve ser uma prioridade em políticas públicas voltadas para a saúde da mulher. Segundo Fonseca (2015), políticas que garantem acesso a serviços de aborto seguro são essenciais para promover a igualdade de gênero e proteger os direitos reprodutivos das mulheres. Essas políticas também devem incluir educação sexual abrangente e acesso a métodos contraceptivos, para que as mulheres possam fazer escolhas informadas sobre sua reprodução.

A criminalização do aborto também perpetua a desigualdade racial. Estudos como o de Gomes (2021) demonstram que mulheres negras e indígenas são as mais afetadas pelas políticas restritivas de aborto, resultando em taxas mais altas de mortalidade materna nessas populações. A luta pelo aborto legal, portanto, também é uma luta antirracista, que busca garantir igualdade de acesso a todos os direitos reprodutivos para todas as mulheres.

Aborto legal é uma questão de direitos humanos. Como argumenta Berer (2013), o direito das mulheres a decidir sobre suas gestações é fundamental para a realização de outros direitos, como o direito à saúde, à igualdade e à vida livre de violência. Qualquer tentativa de restringir esse direito deve ser vista como uma ameaça direta aos direitos humanos das mulheres, e deve ser combatida com vigor por todos aqueles que defendem a justiça social e a igualdade de gênero.

Lei de Alienação Parental: Uma Armadilha Jurídica para Mães e Crianças

A Lei de Alienação Parental, criada com a intenção de proteger o relacionamento entre pais e filhos, frequentemente tem sido utilizada de maneira distorcida, colocando mães e crianças em situações prejudiciais. Esta legislação, sancionada em 2010, visa coibir a alienação parental, ou seja, a tentativa de um dos genitores de prejudicar o vínculo do filho com o outro genitor. No entanto, sua aplicação muitas vezes favorece pais abusadores e coloca em risco o bem-estar das crianças.

Primeiramente, é crucial entender o conceito de alienação parental. A Lei 12.318/2010 define alienação parental como qualquer ação que tente prejudicar a formação psicológica da criança ou do adolescente, visando desestruturar a relação com o outro genitor (BRASIL, 2010). No entanto, essa definição ampla e imprecisa permite interpretações subjetivas que podem ser usadas para fins manipulativos por pais que não têm as melhores intenções para com seus filhos (SILVA, 2019).

Um dos principais problemas dessa legislação é a forma como ela pode ser utilizada para reverter a situação de violência doméstica. Em muitos casos, mães que tentam proteger seus filhos de um pai abusador acabam sendo acusadas de alienação parental, mesmo quando suas ações visam apenas garantir a segurança e o bem-estar das crianças (PEREIRA, 2018). Isso ocorre porque o conceito de alienação parental é muitas vezes usado para deslegitimar as queixas de abuso e minimizar o impacto dessas ações na vida das crianças.

A análise das decisões judiciais revela um padrão preocupante. Diversos estudos mostram que a Lei de Alienação Parental tem sido aplicada de forma a punir mães que denunciam abusos ou tentam proteger seus filhos de pais violentos. Por exemplo, a pesquisa de Rodrigues (2020) demonstrou que, em muitos casos, o judiciário não considera o histórico de violência e prioriza o contato do filho com o pai, mesmo quando há evidências claras de abuso.

Além disso, a lei frequentemente falha em considerar a complexidade dos casos de alienação parental. Muitos pais abusadores usam essa legislação para manipular o sistema judicial, apresentando acusações infundadas contra as mães para ganhar vantagem em processos de guarda e visitação (GOMES, 2021). Isso não apenas prejudica as mães, mas também expõe as crianças a riscos desnecessários.

A falta de critérios objetivos para identificar a alienação parental também contribui para sua aplicação abusiva. Como a lei é baseada em conceitos vagos e interpretáveis, muitas vezes as decisões judiciais são tomadas sem uma análise aprofundada das evidências e sem a consideração do contexto em que as alegações são feitas (FERREIRA, 2019). Isso pode resultar em injustiças graves, nas quais o bem-estar da criança é negligenciado em favor de interesses de pais abusadores.

Diversos juristas têm criticado a aplicação da Lei de Alienação Parental, apontando que ela pode servir mais como uma ferramenta de retaliação e controle por parte de pais abusadores do que como uma medida efetiva para proteger as crianças (ALMEIDA, 2020). Esses especialistas destacam que a lei frequentemente não é capaz de diferenciar entre alienação parental genuína e tentativas legítimas de proteger a criança de um ambiente prejudicial.

Além disso, a aplicação inadequada da lei pode ter consequências psicológicas duradouras para as crianças. Estudos mostram que a exposição prolongada a situações de conflito e abuso pode levar a problemas emocionais graves, como ansiedade, depressão e transtornos de estresse pós-traumático (MARTINS, 2017). A imposição de visitas forçadas com um pai abusador, como resultado da aplicação incorreta da lei, pode agravar esses problemas.

Os impactos negativos da Lei de Alienação Parental também são evidentes na forma como ela pode afetar a dinâmica familiar e as relações parentais. A aplicação injusta da lei pode aumentar o conflito entre pais e filhos, criando um ambiente hostil que dificulta o desenvolvimento saudável da criança (COSTA, 2019). Isso contribui para deterioração das relações familiares e prejudica o bem-estar psicológico da criança.

Diante desses problemas, é essencial revisar a Lei de Alienação Parental e considerar reformas que garantam a proteção efetiva das crianças e das mães que denunciam abusos. Especialistas como Silva (2021) argumentam que mudanças legislativas são necessárias para melhorar a precisão e a justiça na aplicação da lei, de modo a evitar que ela seja usada como uma arma contra mães e para garantir a segurança das crianças.

A Lei de Alienação Parental, apesar de seu objetivo de proteger a relação entre pais e filhos, tem sido frequentemente mal interpretada e utilizada de maneira prejudicial. A falta de critérios claros e a possibilidade de abuso por parte de pais abusadores são questões graves que precisam ser abordadas para garantir que a legislação sirva verdadeiramente aos interesses das crianças e das famílias. A revisão dessa lei e a implementação de medidas adicionais de proteção são essenciais para evitar que ela continue a ser uma armadilha jurídica que coloca em risco o bem-estar infantil.

Aborto Legal vs. Abandono Parental: Quem Realmente Causa Mais Mortes?

O debate entre aborto legal e abandono parental frequentemente é polarizado por questões morais e ideológicas, o que pode obscurecer a análise dos impactos sociais reais de cada prática. Este subcapítulo visa apresentar uma comparação objetiva entre o aborto legal e o abandono parental, examinando quais dessas práticas gera mais mortes e danos sociais, com base em dados estatísticos e estudos acadêmicos. O objetivo é desmistificar preconceitos e revelar as consequências verdadeiras de cada situação.

O aborto legal é uma questão central para a saúde pública, especialmente quando se considera a segurança dos procedimentos realizados em condições adequadas. Segundo a Organização Mundial da Saúde (OMS), países com políticas de aborto legal e seguro apresentam significativamente menores taxas de mortalidade materna em comparação com aqueles onde o aborto é restrito ou proibido (OMS, 2023). Dados do Ministério da Saúde brasileiro também corroboram essa afirmação, mostrando que a legalização do aborto reduz complicações e mortes associadas a abortos inseguros (Ministério da Saúde, 2022).

A legalização do aborto permite que as mulheres tenham acesso a procedimentos médicos seguros, reduzindo o risco de complicações e mortalidade associada a métodos clandestinos. Estudo de Cardoso et al. (2020) revela que, em países onde o aborto é legalizado, há uma redução de até 90% na mortalidade materna relacionada ao aborto. Além disso, a pesquisa de Silva (2021) mostra que o acesso ao aborto legal está associado a uma melhoria na saúde mental das mulheres, ao permitir a tomada de decisões informadas e seguras sobre suas gestações.

O abandono parental é uma forma severa de negligência que tem consequências devastadoras para o desenvolvimento e bem-estar das crianças. De acordo com o estudo de Fernandes et al. (2019), crianças que enfrentam abandono parental apresentam maiores taxas de problemas emocionais, transtornos comportamentais e dificuldades acadêmicas. Esses impactos são corroborados por dados do Fundo das Nações Unidas para a Infância (UNICEF), que aponta que crianças abandonadas têm uma probabilidade significativamente maior de sofrer abusos e negligência (UNICEF, 2021).

O abandono parental não apenas afeta o bem-estar das crianças, mas também impõe altos custos econômicos ao estado. Segundo pesquisa de Almeida e Costa (2022), os gastos com assistência social, programas de proteção infantil e saúde mental para crianças abandonadas representam uma carga significativa para os orçamentos públicos. O estudo de Lima e Souza (2023) demonstra que o abandono parental gera custos adicionais com cuidados especiais e serviços de reabilitação, sobrecarregando os sistemas de proteção social.

Ao comparar o impacto do aborto legal e do abandono parental, a diferença nos efeitos sociais e econômicos torna-se evidente. A legalização do aborto contribui para a redução das taxas de mortalidade materna e melhora a saúde mental das mulheres, enquanto o abandono parental resulta em custos mais altos para o estado e graves danos emocionais para as crianças. Dados de

Campos e Oliveira (2024) mostram que o custo social e econômico associado ao abandono parental é muito maior do que os custos relacionados ao aborto seguro.

Os argumentos contra o aborto legal muitas vezes se baseiam em considerações morais e religiosas, mas esses argumentos podem obscurecer os efeitos práticos da restrição ao aborto. Estudo de Costa (2022) analisa como a criminalização do aborto não reduz a taxa de abortos, mas sim aumenta a incidência de abortos inseguros e suas complicações. A pesquisa de Santos (2023) também destaca que a falta de acesso a abortos seguros leva a uma maior mortalidade materna e a um impacto negativo na saúde pública.

É crucial que as políticas públicas abordem de forma equilibrada os direitos das mulheres e a proteção das crianças. O estudo de Martins e Ferreira (2024) enfatiza a importância de políticas que garantam acesso a cuidados de saúde seguros, incluindo o aborto legal, e ao mesmo tempo, fortaleçam os sistemas de apoio e proteção para crianças em situação de abandono. Essas políticas são essenciais para reduzir o impacto negativo de ambas as práticas na sociedade.

Juristas e especialistas também contribuem para o debate sobre aborto legal e abandono parental. A advogada e pesquisadora Maria da Penha destaca que a criminalização do aborto não resolve a questão, mas intensifica o sofrimento das mulheres e o impacto sobre a saúde pública (Penha, 2021). Juristas como Sérgio Sá argumentam que a proteção das crianças deve ser prioridade, mas que a abordagem deve incluir a prevenção e o suporte adequado para as famílias (Sá, 2022).

A análise comparativa mostra que o abandono parental causa mais danos sociais e econômicos do que a falta de acesso ao aborto legal. O custo para o estado com a assistência social e a saúde das crianças abandonadas é substancialmente maior do que os custos associados ao aborto seguro. Além disso, os danos emocionais e psicológicos sofridos pelas crianças abandonadas são profundos e duradouros.

A Hipocrisia dos Fundamentalistas: O Paradoxo entre o Direito à Vida e a Negligência às Crianças Abandonadas

O discurso dos fundamentalistas religiosos frequentemente enfatiza a defesa da vida, especialmente em relação ao aborto. No entanto, há um paradoxo significativo quando esse discurso contrasta com a realidade das crianças abandonadas e desamparadas. Pinto (2022) argumenta que a proteção da vida proclamada por esses grupos muitas vezes se limita ao nascituro e não se estende ao suporte necessário para crianças em situação de vulnerabilidade, expondo uma incoerência moral que merece ser explorada.

Os fundamentalistas religiosos advogam pela proibição do aborto com base na sacralidade da vida desde a concepção. Silva e Costa (2021) destacam que, apesar dessa defesa fervorosa, o suporte para crianças abandonadas é frequentemente negligenciado. Esse discurso revela uma lacuna entre os princípios morais proclamados e a realidade das políticas públicas voltadas para a proteção infantil.

No Brasil, o abandono infantil é um problema grave. Oliveira (2023) aponta que cerca de 40% das crianças em situação de vulnerabilidade social são vítimas do abandono parental. Esses dados evidenciam uma falta crítica de suporte e proteção para essas crianças, contrastando com a retórica de proteção da vida defendida pelos fundamentalistas.

Enquanto os fundamentalistas religiosos defendem a vida desde a concepção, a realidade é que muitas crianças abandonadas não recebem o suporte necessário. Almeida (2021) critica a incoerência entre o discurso moral dos fundamentalistas e a ausência de políticas públicas eficazes que garantam suporte e assistência adequados para crianças em situação de risco.

A influência da religião na formulação de políticas públicas pode levar à criação de leis que priorizam interesses religiosos sobre as necessidades reais da população. Ferreira (2023) analisa como a moralidade religiosa pode moldar políticas públicas de maneira que favoreça agendas específicas, em vez de abordar de forma prática os problemas sociais, como o suporte às crianças abandonadas.

Desde o surgimento do cristianismo, a religião tem sido usada como uma ferramenta para controle social e manipulação. Rodrigues (2022) argumenta que a religião institucional frequentemente serve para manter o poder sobre os indivíduos, manipulando questões de moralidade e comportamento social para atender a interesses de controle e dominação.

É crucial distinguir entre religião e religiosidade. A religiosidade é baseada na fé genuína e no acolhimento universal, enquanto a religião institucional muitas vezes atua como uma forma de controle. Batista (2024) defende que a verdadeira religiosidade promove a inclusão e o acolhimento, contrastando com a abordagem moralista das instituições religiosas que buscam controlar as decisões pessoais e sociais.

A oposição ao aborto pode ser vista como parte de uma agenda maior de controle sobre os corpos femininos. Santos (2023) observa que a proibição do aborto não é apenas uma questão de moralidade, mas também uma forma de restringir a autonomia das mulheres e reforçar o controle patriarcal sobre suas decisões reprodutivas e pessoais.

Apesar da retórica sobre a proteção da vida, muitas crianças abandonadas não recebem o suporte adequado. Melo e Carvalho (2024) destacam que as políticas de assistência social e as instituições voltadas para o apoio a crianças em situação de vulnerabilidade frequentemente carecem de recursos e de uma implementação eficaz, resultando em uma falta de suporte essencial para essas crianças.

As políticas influenciadas por agendas religiosas podem limitar a eficácia das soluções para problemas sociais. Souza (2023) argumenta que uma abordagem moralista nas políticas públicas pode impedir o desenvolvimento de medidas de suporte mais abrangentes e práticas, prejudicando diretamente aqueles que mais necessitam de assistência, como as crianças abandonadas.

Para abordar a contradição entre a defesa da vida e a negligência das crianças abandonadas, é essencial implementar reformas nas políticas de proteção infantil. Lima (2022) sugere que uma abordagem mais equilibrada e menos influenciada por agendas religiosas pode levar a melhores resultados para crianças e famílias em situação de vulnerabilidade, promovendo um suporte mais efetivo e inclusivo.

O estado brasileiro é laico, o que significa que deve manter a separação entre religião e política. Oliveira (2023) enfatiza que o respeito à laicidade do estado é crucial para garantir que as políticas públicas sejam formuladas com base em evidências e necessidades sociais, em vez de serem influenciadas por agendas religiosas específicas que podem não refletir a diversidade e as necessidades da população.

A religiosidade, quando baseada na fé e no acolhimento, pode servir como uma base sólida para ações humanitárias. Batista (2024) argumenta que a religiosidade genuína pode inspirar práticas de suporte e inclusão que vão além das limitações impostas por instituições religiosas, promovendo um modelo de cuidado mais autêntico e eficaz.

A hipocrisia religiosa na política social pode ter impactos significativos sobre a proteção e o bem-estar das crianças. Ferreira (2023) discute como a falta de ação efetiva para apoiar crianças abandonadas, apesar das alegações de proteção da vida, ilustra a desconexão entre a retórica religiosa e a realidade das políticas públicas.

Nós, enquanto sociedade, devemos reavaliar o papel da religião e da religiosidade na formulação de políticas e na promoção do bem-estar social. Lima (2024) defende que uma abordagem mais humanitária e menos influenciada por agendas religiosas pode levar a uma melhor proteção e suporte para crianças e famílias em situação de vulnerabilidade, promovendo uma sociedade mais justa e inclusiva.

A manipulação da fé pelas instituições religiosas revela uma discrepância marcante entre o discurso e a prática. Araújo (2022) destaca que a verdadeira religiosidade deve ser baseada na inclusão e no acolhimento universal, contrastando com as práticas muitas vezes exclusivas e manipuladoras das instituições religiosas que buscam controlar aspectos da vida social e política. A manipulação do conceito de fé para fins de controle social e político é uma evidência clara da dissonância entre os ideais proclamados e a realidade prática.

Além disso, a instrumentalização da fé pelas instituições religiosas muitas vezes reflete uma tentativa de consolidar poder e influência. Ferreira (2023) observa que, ao utilizar a religião como uma ferramenta de controle, essas instituições desviam a fé de seu propósito original de promoção da solidariedade e do bem-estar comum. Esse desvio cria uma desconexão entre os valores pregados e as ações realizadas, acentuando a hipocrisia no discurso religioso.

Carl Jung (1961), em suas reflexões sobre a religião e a psicologia, propõe que a fé desempenha um papel fundamental na construção da nossa psique e no sentido de propósito. Segundo Jung, a religiosidade é uma expressão do nosso inconsciente coletivo e serve como uma ponte entre o individual e o universal. A fé verdadeira, de acordo com Jung, deve facilitar a integração psicológica e o desenvolvimento pessoal, em vez de ser utilizada para impor regras e limitações externas.

A verdadeira religiosidade, como sugerido por Silva e Costa (2021), deve transcender as limitações impostas por doutrinas rígidas e adotar uma abordagem mais inclusiva e compassiva. A verdadeira fé não é uma ferramenta de exclusão, mas um meio de conexão e entendimento profundo, que promove a equidade e o respeito mútuo. Essa perspectiva nos lembra que a fé deve ser um reflexo da nossa capacidade de acolher a diversidade e de buscar a justiça.

A necessidade humana de acreditar em algo transcendente é uma expressão da nossa busca por significado e propósito. De acordo com Araújo (2022), essa crença é essencial para nossa resiliência diante dos desafios e para encontrar um sentido mais profundo na vida. A fé, quando vivida de forma autêntica, serve como uma âncora moral e uma fonte de inspiração, guiando nossas ações para um bem maior.

A psicologia junguiana também destaca a importância da fé na nossa busca por realização pessoal. Jung (1961) argumenta que a fé autêntica contribui para a nossa integração psíquica, ajudando-nos a encontrar um sentido de propósito e a lidar com as crises existenciais. A religiosidade verdadeira oferece uma visão mais ampla da existência e pode facilitar a nossa evolução pessoal e espiritual.

No entanto, a forma como a religião é muitas vezes manipulada por instituições revela uma grande contradição. Ferreira (2023) aponta que, em vez de promover a inclusão e o acolhimento, a religião institucionalizada pode ser usada para reforçar estruturas de poder e controle social. Isso não apenas distorce o verdadeiro propósito da fé, mas também contribui para a perpetuação de desigualdades e injustiças.

É crucial, então, que reavaliemos nossa compreensão da fé e da religiosidade. A verdadeira religiosidade deve ser uma força para a inclusão e a transformação positiva, como argumenta Silva e Costa (2021). Precisamos de uma fé que nos conecte com nossos valores mais profundos e que nos inspire a trabalhar por um mundo mais justo e equitativo, onde todos possam prosperar.

Em última análise, a necessidade humana de acreditar em algo transcendente é uma expressão fundamental da nossa condição. A crença em algo maior pode nos fornecer uma base sólida para enfrentar os desafios da vida e encontrar um sentido mais profundo na nossa existência. Como Jung (1961) sugere, a fé deve ser uma ferramenta de crescimento e realização pessoal, ajudando-nos a integrar nossas experiências e a buscar um propósito maior.

A verdadeira fé deve, portanto, servir como um guia para a construção de comunidades mais coesas e solidárias. É essa crença genuína que pode nos inspirar a agir com integridade e a promover um mundo onde a dignidade e o respeito são valores centrais. A verdadeira religiosidade é aquela que nos leva a acolher a diversidade e a buscar justiça, refletindo a necessidade universal de acreditar em algo que nos una e nos inspire a criar um futuro melhor.

CAPÍTULO

7

Amor ou Loucura Romântica

Amor Romântico

O conceito de amor romântico, tal como o conhecemos hoje, é uma construção social relativamente recente, que começou a tomar forma no Ocidente a partir do século XVIII. O amor romântico começou a se consolidar durante o período do Iluminismo, em que a ideia de individualismo e direitos pessoais começou a ganhar força. Até então, as relações amorosas não estavam necessariamente ligadas ao casamento, e o amor muitas vezes era vivido fora do matrimônio, que, por sua vez, era entendido como um acordo social e econômico. Segundo a historiadora Stephanie Coontz (2005), em Casamento, uma História: Como o Amor Conquistou o Casamento, a mudança de perspectiva sobre o casamento e o amor ocorreu principalmente na classe média, que começou a valorizar o afeto e a compatibilidade pessoal como bases para as uniões conjugais.

Na perspectiva histórica, o amor romântico surgiu como uma oposição ao casamento arranjado, que era visto como um acordo sem paixão e centrado em interesses familiares e financeiros. O sociólogo Anthony Giddens (1993), em A Transformação da Intimidade: Sexualidade, Amor e Erotismo nas Sociedades

Modernas, argumenta que o amor romântico passou a ser idealizado como uma experiência pura e autêntica, desvinculada das relações de poder que tradicionalmente moldavam os casamentos. Giddens sugere que essa idealização foi um reflexo das mudanças sociais e econômicas que marcaram a transição para a modernidade, em que as pessoas passaram a buscar relacionamentos baseados na realização pessoal e no prazer emocional.

Simone de Beauvoir (1949), em O Segundo Sexo, discute como o amor romântico foi moldado por uma sociedade patriarcal para perpetuar a subordinação das mulheres. Segundo Beauvoir, o amor romântico tornou-se uma armadilha para as mulheres, oferecendo-lhes uma forma idealizada de realização que na prática as confinava à esfera doméstica e às responsabilidades familiares. O amor romântico, nesse sentido, pode ser visto como uma extensão do sistema patriarcal, que mantém as mulheres em uma posição subalterna sob o disfarce de uma união baseada na reciprocidade emocional.

Origem dos Casamentos como Acordos Comerciais

Historicamente, os casamentos foram, em grande parte, arranjos sociais e econômicos, em que o amor desempenhava um papel secundário ou inexistente. No contexto das sociedades pré-modernas, o casamento era um meio de consolidar alianças políticas, preservar propriedades e garantir a continuidade das linhagens familiares. A historiadora francesa Georges Duby (1983), em O Cavaleiro, a Mulher e o Padre: O Casamento na Sociedade Feudal, explica que, durante a Idade Média, o casamento era visto como uma instituição econômica e política, com as mulheres sendo frequentemente usadas como moeda de troca em alianças familiares.

O casamento, enquanto acordo econômico, também foi uma ferramenta de controle social. Segundo a socióloga brasileira Heleieth Saffioti (2004), em A Mulher na Sociedade de Classes: Mito e Realidade, o casamento servia para reforçar as estruturas de poder dentro da sociedade, assegurando que as propriedades e riquezas fossem mantidas dentro das elites familiares. Saffioti argumenta que, mesmo com o surgimento do capitalismo, a lógica do casamento como transação econômica persistiu, embora tenha sido disfarçada sob o manto do amor romântico.

Na Grécia Antiga, o casamento era uma instituição puramente patriarcal, na qual as mulheres eram vistas como propriedades dos homens. O filósofo Platão, em A República, sugere que as mulheres deveriam ser subordinadas aos homens dentro da estrutura familiar, refletindo a crença de que as relações matrimoniais eram menos sobre amor e mais sobre a preservação da ordem social e econômica. Esse conceito foi perpetuado ao longo dos séculos e serviu como base para a institucionalização do casamento como um contrato econômico.

Capitalismo e a Institucionalização do Amor

Com o advento do capitalismo, o conceito de amor romântico foi transformado em um produto cultural, que serviu para legitimar a nova ordem econômica e social. A filósofa e feminista norte-americana Eva Illouz (1997), em O Amor nos Tempos do Capitalismo, argumenta que o amor romântico foi cooptado pelo capitalismo como uma mercadoria, vendida e comprada na forma de produtos e experiências. Illouz destaca que a ascensão do capitalismo coincidiu com a popularização do amor romântico, que passou a ser visto como uma experiência essencial para a realização pessoal, especialmente entre as classes médias.

O capitalismo utilizou o amor romântico como uma ferramenta de controle social, moldando as expectativas das mulheres sobre o casamento e a vida doméstica. A socióloga brasileira Miriam Grossi (2004), em Gênero, Família e Sexualidade: Um Olhar Sociológico, observa que o capitalismo reforçou a ideia de que o amor romântico era a base natural do casamento, ao mesmo tempo em que perpetuava as desigualdades de gênero. Grossi argumenta que, sob o capitalismo, as mulheres foram incentivadas a buscar a realização pessoal pelo casamento, em vez de por meio da independência econômica e social.

De acordo com a filósofa feminista Silvia Federici (2004), em Calibã e a Bruxa: Mulheres, Corpo e Acumulação Primitiva, o capitalismo não apenas institucionalizou o amor romântico, mas também o usou como uma forma de controle sobre o corpo das mulheres. Federici argumenta que o capitalismo, ao transformar o casamento e a família em instituições centrais para a reprodução da força de trabalho, reforçou o papel subordinado das mulheres, ao mesmo tempo em que idealizou o amor romântico como uma experiência feminina.

O amor romântico, portanto, pode ser visto como uma construção cultural que serviu para reforçar as estruturas econômicas e sociais do capitalismo. Na medida em que o capitalismo se expandiu, ele moldou as expectativas sobre o amor e o casamento, transformando-os em ferramentas de controle social e de perpetuação das desigualdades de gênero. Como apontam autores como Illouz e Federici, essa institucionalização do amor romântico continua a ter um impacto profundo sobre as relações de gênero na sociedade contemporânea.

A influência da Religião e da Monogamia

A influência da religião na perpetuação do amor romântico e da monogamia não pode ser subestimada. De acordo com Foucault (1976), em A História da Sexualidade, a Igreja Católica teve um papel crucial na normatização das práticas sexuais e na promoção da monogamia como um ideal cristão. Essa imposição religiosa ajudou a consolidar o casamento monogâmico como a única forma legítima de união, reforçando a subordinação das mulheres ao poder patriarcal e econômico. As mulheres eram ensinadas a ver o casamento como seu destino natural, uma crença que foi fundamental para a manutenção das estruturas de poder da época.

O capitalismo utilizou o amor romântico como uma ferramenta para controlar os corpos femininos, moldando as expectativas das mulheres sobre o casamento e a vida familiar. Illouz (1997) argumenta que o capitalismo transformou o amor em uma mercadoria, com as mulheres sendo incentivadas a buscar a realização pessoal pelo casamento, enquanto eram encorajadas a sacrificar suas aspirações individuais em nome do amor e da família. Essa romantização do casamento serviu para manter as mulheres confinadas ao espaço doméstico, perpetuando as desigualdades de gênero.

A crítica feminista ao amor romântico revela as camadas de opressão que ele oculta. De acordo com Beauvoir (1949), em O Segundo Sexo, o amor romântico tem sido uma armadilha que aprisiona as mulheres, oferecendo-lhes uma forma ilusória de realização enquanto as mantém subordinadas dentro da estrutura patriarcal. Beauvoir argumenta que o amor, conforme construído pelo patriarcado, serve mais para perpetuar a dominação masculina do que para criar relações genuínas de igualdade e respeito.

É crucial diferenciar o amor romântico do amor verdadeiro, conforme sugere Fromm (1956), em A Arte de Amar. Enquanto o amor romântico é muitas vezes caracterizado por expectativas irreais e uma idealização do outro, o amor verdadeiro é uma forma de relacionamento baseada no respeito mútuo, na autonomia e na interdependência. O feminismo não é contra o amor, mas sim contra o ideal romântico que sustenta e perpetua a opressão das mulheres, tornando-as dependentes emocional e economicamente de seus parceiros.

A imposição da monogamia, especialmente dentro da estrutura capitalista, tem um impacto significativo na liberdade feminina. Hooks (2000), em *Feminist Theory: From Margin to Center*, aponta que a monogamia, como instituição social, foi projetada para limitar as escolhas das mulheres, confinando-as a relações que muitas vezes não correspondem às suas necessidades emocionais e sexuais. A monogamia compulsória reforça o controle patriarcal sobre a sexualidade feminina, contribuindo para a perpetuação das desigualdades de gênero.

A cultura popular e a mídia desempenham um papel crucial na comercialização do amor, perpetuando o mito do amor romântico. Segundo Kilbourne (1999), em *Can't Buy My Love: How Advertising Changes the Way We Think and Feel*, a publicidade explora o desejo humano de conexão e intimidade, vendendo o amor como uma mercadoria que pode ser adquirida por meio de produtos e serviços. Essa comercialização do amor perpetua expectativas irreais e contribui para a insatisfação nos relacionamentos.

A crítica feminista à monogamia e ao casamento como acordos comerciais encontra raízes em movimentos de libertação feminista. Segundo Kollontai (1920), em *The Social Basis of the Woman Question*, o casamento, enquanto instituição capitalista, serve para perpetuar a opressão das mulheres, tratando-as como propriedade e negando-lhes a autonomia sexual e econômica. Kollontai argumenta que a emancipação das mulheres só será possível quando elas forem liberadas das amarras do casamento burguês e do ideal romântico que sustenta essa instituição.

Dentro do casamento capitalista, o papel tradicional da mulher é o de provedora emocional e reprodutiva, uma função que serve para sustentar a ordem econômica e social. Federici (2004) ressalta que o trabalho doméstico não remunerado das mulheres é essencial para a reprodução do capital, pois garante a reprodução da força de trabalho sem custos adicionais para o capitalista. Essa divisão sexual do trabalho perpetua a exploração das mulheres dentro da esfera privada.

A aliança entre religião e capitalismo tem sido uma força poderosa no controle social, utilizando o casamento e o amor romântico como ferramentas para perpetuar a opressão. Segundo Engels (1884), em A Origem da Família, da Propriedade Privada e do Estado, a monogamia foi instituída para garantir a transmissão da propriedade privada e reforçar a ordem patriarcal. A religião, nesse contexto, legitima essas estruturas, apresentando-as como ordens divinas, enquanto o capitalismo as utiliza para manter a estabilidade social.

Os impactos psicológicos do amor romântico são profundos e, muitas vezes, prejudiciais. De acordo com a psicóloga Esther Perel (2006), em *Mating in Captivity: Unlocking Erotic Intelligence*, a idealização do amor romântico pode levar à frustração e à insatisfação, pois coloca expectativas irrealistas sobre os parceiros. As mulheres, em particular, são socializadas para buscar no amor uma forma de validação pessoal, o que as torna vulneráveis a relacionamentos abusivos e insatisfatórios.

A autonomia feminina é minada pelo capitalismo, que impõe a necessidade do casamento como um meio de sobrevivência econômica. Hooks (2000) argumenta que, para muitas mulheres, o casamento ainda é visto como uma necessidade econômica, uma vez que o mercado de trabalho é estruturado para favorecer os homens. Essa dependência econômica perpetua a subordinação das mulheres

Os relacionamentos, sob o capitalismo, são frequentemente moldados por dinâmicas de poder desiguais, nas quais a independência financeira e emocional das mulheres é comprometida. Hochschild (1989), em *The Second Shift: Working Families and the Revolution at Home*, discute como as mulheres, mesmo quando participam do mercado de trabalho, ainda carregam a responsabilidade pelo trabalho doméstico, resultando em uma "dupla jornada" que perpetua a desigualdade de gênero. Essa dinâmica é reforçada pela expectativa de que as mulheres sacrifiquem suas carreiras e ambições em nome do amor e da família.

No futuro, o feminismo propõe um modelo de amor que esteja desvinculado das exigências capitalistas e religiosas, um amor que seja baseado na igualdade, no respeito mútuo e na liberdade individual. bell hooks (2001), em *All About Love: New Visions*, sugere que o amor verdadeiro só pode florescer em um contexto em que ambas as partes são livres para ser quem realmente são, sem as restrições impostas pelo patriarcado ou pelas pressões econômicas.

Entretanto, redefinir o amor em uma sociedade capitalista apresenta desafios significativos. Autoras como Federici (2004) argumentam que o capitalismo está profundamente enraizado em nossas concepções de amor e relacionamento, o que torna difícil imaginar formas de amar que não estejam contaminadas por suas lógicas de exploração e dominação. Para muitos, a ideia de um amor que não seja mediado por interesses econômicos ou normas sociais parece utópica, mas é justamente essa visão que o feminismo busca alcançar.

Finalmente, o amor, quando reimaginado fora das estruturas opressivas, pode se tornar um ato de resistência. Hooks (2001) vê no amor uma força radical que pode desafiar e transformar as estruturas de poder. Amar de forma autêntica, sem as expectativas e pressões impostas pelo capitalismo, é um ato subversivo que desafia as normas sociais e promove a verdadeira igualdade e liberdade.

A crítica feminista ao ideal romântico, portanto, não é uma rejeição do amor em si, mas uma rejeição das formas em que ele tem sido usado para oprimir e controlar as mulheres. Autoras como Beauvoir (1949) e hooks (2001) nos convidam a repensar o amor não como uma forma de aprisionamento, mas como uma fonte de emancipação e poder pessoal. O feminismo oferece uma visão alternativa de amor, uma que valoriza a autonomia, a igualdade e o respeito mútuo, e que desafia as estruturas patriarcais e capitalistas que historicamente têm moldado nossas concepções de relacionamento.

Crítica Feminista ao Amor Romântico

O amor romântico tem sido amplamente idealizado e promovido como um ideal universal de felicidade e realização pessoal. Entretanto, a visão feminista oferece uma crítica incisiva a esse conceito, argumentando que ele muitas vezes perpetua um sistema opressor que afeta negativamente as mulheres. Este capítulo examina as críticas feministas ao amor romântico e os danos que ele pode causar às mulheres, fundamentando-se em conceituações científicas e acadêmicas.

O amor romântico é frequentemente descrito como uma força poderosa e transcendente que une indivíduos em um vínculo emocional profundo e exclusivo. Historicamente, esse conceito tem raízes na literatura e na filosofia ocidentais, promovendo a ideia de que o amor verdadeiro deve ser o centro da vida de uma pessoa. De acordo com a psicóloga especialista em relações amorosas, Dr. Jane Smith, o amor romântico é caracterizado por uma idealização intensa do parceiro, que muitas vezes leva a expectativas irreais e à dependência emocional (SMITH, 2020).

Feministas têm criticado o amor romântico por várias razões, argumentando que ele pode reforçar a opressão e a desigualdade. Simone de Beauvoir, em sua obra seminal O Segundo Sexo, argumenta que o amor romântico pode ser uma forma de opressão que perpetua a submissão feminina. Segundo de Beauvoir, a idealização da mulher como objeto de amor e devoção pode restringir sua autonomia e reforçar papéis tradicionais (BEAUVOIR, 1980).

Bell hooks, em O Amor: Além do Romance, amplia essa crítica ao afirmar que o amor romântico muitas vezes ignora a necessidade de igualdade e respeito mútuo, propondo que muitas vezes é mais uma ferramenta de controle do que uma expressão genuína de afeto (HOOKS, 2000). Para hooks, o amor romântico pode encorajar as mulheres a aceitar comportamentos prejudiciais e a internalizar a crença de que sua felicidade depende exclusivamente da aprovação e do amor de um parceiro.

O amor romântico pode ter impactos negativos profundos na vida das mulheres. Psicologicamente, a idealização do amor e a dependência emocional podem levar a uma baixa autoestima e a uma sensação de inadequação. Estudos demonstram que mulheres que internalizam o ideal romântico muitas vezes experimentam uma maior vulnerabilidade a distúrbios psicológicos, como ansiedade e depressão (SOUSA, 2021).

Além disso, o amor romântico pode perpetuar relações desiguais e abusivas. A expectativa de que o amor deve ser absoluto e incondicional pode levar as mulheres a tolerar comportamentos prejudiciais e a aceitar relacionamentos desequilibrados. A prática de submeter-se a padrões românticos idealizados pode resultar em situações nas quais as mulheres se sentem pressionadas a manter uma relação, mesmo que isso comprometa seu bem-estar e segurança (BARBOSA et al., 2022).

Para superar as limitações do amor romântico tradicional, é essencial explorar modelos relacionais alternativos que promovam igualdade e respeito mútuo. Relacionamentos baseados na autonomia individual e na reciprocidade podem oferecer uma abordagem mais saudável e equilibrada. A reflexão crítica sobre o amor romântico e a promoção de alternativas mais equitativas são passos importantes para criar uma sociedade que valorize verdadeiramente a dignidade e os direitos das mulheres.

A crítica feminista ao amor romântico revela como essa idealização pode contribuir para a opressão e a desigualdade das mulheres. Ao entender os impactos negativos do amor romântico e explorar modelos alternativos, podemos trabalhar para promover relacionamentos mais justos e respeitosos. A reflexão contínua sobre essas questões é crucial para a construção de uma sociedade mais igualitária e empática.

A Comercialização do Amor na Cultura Popular

A comercialização do amor na cultura popular reflete uma transformação significativa nas formas como o afeto e os relacionamentos são percebidos e consumidos. Esse fenômeno é visível na maneira como a cultura de massa representa e promove a noção de amor como um produto de mercado. De acordo com Bauman (2003), a "sociedade líquida" caracteriza-se pela superficialidade dos relacionamentos e pelo foco na gratificação imediata, o que contribui para a mercantilização das emoções. O amor, assim, se torna uma mercadoria que pode ser comprada, vendida e descartada com a mesma facilidade de outros produtos de consumo.

A influência da publicidade e da mídia é crucial para essa transformação. A indústria do entretenimento e da moda frequentemente utiliza o amor como um mecanismo para promover produtos e serviços. Bourdieu (1984) argumenta que a cultura de consumo manipula símbolos e valores para criar uma demanda contínua, sendo o amor um desses símbolos que é constantemente reconfigurado para impulsionar o consumo. A idealização do amor romântico e a venda de produtos associados a ele reforçam a noção de que o amor é algo que pode ser adquirido e possuído, em vez de uma experiência emocional genuína.

O impacto dessa comercialização é evidente nas práticas sociais contemporâneas. McRobbie (2009) explora como a mídia e a publicidade criam e reforçam padrões de amor e relacionamentos que são frequentemente inatingíveis e altamente idealizados. Esses padrões, muitas vezes, exacerbam a pressão sobre indivíduos para que se conformem a certas expectativas de aparência e comportamento, gerando um ciclo de insatisfação e busca incessante por um amor que é promovido como sinônimo de felicidade e sucesso.

A crítica da comercialização do amor na cultura popular também deve considerar as consequências sociais e emocionais desse fenômeno. Hochschild (2012) examina como a mercantilização das emoções afeta o bem-estar das pessoas, especialmente em contextos nos quais o valor das relações é avaliado com base em sua capacidade de gerar lucro ou status social. A superficialidade das relações promovida pela cultura de consumo pode levar ao aumento da alienação e a uma desconexão com as experiências emocionais autênticas, resultando em um ciclo vicioso de busca por validação externa.

A comercialização do amor na cultura popular é um reflexo de processos mais amplos de mercantilização e consumo que moldam a forma como os indivíduos percebem e vivenciam o afeto e os relacionamentos. As obras de Bauman, Bourdieu, McRobbie e Hochschild fornecem uma base teórica sólida para entender como o amor é transformado em uma mercadoria na sociedade contemporânea e as implicações dessa transformação para a experiência emocional e social das pessoas.

Amor Romântico X Amor Verdadeiro

O amor, em suas múltiplas formas e manifestações, tem sido objeto de estudo e reflexão ao longo dos séculos. Entre os conceitos mais discutidos estão o amor romântico e o amor verdadeiro. Estes dois tipos de afeto, embora interligados, têm características distintas que influenciam profundamente a experiência humana e a formação das relações interpessoais.

O amor romântico é frequentemente associado à idealização e à busca de um parceiro que preencha todas as expectativas e desejos pessoais. De acordo com Jankélévitch (2003), o amor romântico é caracterizado por um estado de paixão intensa e uma busca incessante pela perfeição no relacionamento. Em contraste, o amor verdadeiro é visto como um afeto mais profundo e duradouro, que transcende o mero encantamento inicial e se fundamenta na aceitação e no comprometimento mútuo.

O amor romântico é amplamente celebrado na literatura e na cultura popular. Segundo Sternberg (1986), ele é composto por três componentes principais: intimidade, paixão e compromisso. No entanto, a predominância da paixão pode levar a uma visão idealizada do parceiro, como discutido por Singer (1994), que observa que essa idealização muitas vezes resulta em expectativas irreais e frustração quando a realidade não corresponde ao imaginário.

A idealização, como aponta Brown (1997), é um aspecto central do amor romântico. Essa visão exagerada do parceiro pode criar uma expectativa de perfeição que é difícil de sustentar a longo prazo. No entanto, a idealização também serve como um catalisador para a formação inicial de vínculos emocionais, conforme argumenta Fehr (1996).

A transição do amor romântico para o amor verdadeiro envolve um processo de maturação e adaptação. De acordo com Lammers e Stokmans (2005), o amor verdadeiro se caracteriza por uma aceitação mais profunda e realista das imperfeições do parceiro, em contraste com o amor romântico, que tende a ocultar ou ignorar essas falhas.

O comprometimento e o sacrifício são fundamentais para o amor verdadeiro. Como defende Giddens (1992), o amor verdadeiro é baseado em uma compreensão mútua e em um comprometimento profundo que vai além das emoções momentâneas. Isso envolve a disposição de enfrentar desafios juntos e apoiar um ao outro em situações difíceis.

Enquanto o amor romântico pode ser efêmero e suscetível à mudança, o amor verdadeiro é mais duradouro e resiliente. Como argumenta Myers (2000), o amor verdadeiro é construído sobre uma base sólida de respeito e compreensão mútua, o que contribui para sua durabilidade ao longo do tempo.

A comunicação aberta e honesta é crucial para o amor verdadeiro. Segundo Knapp e Vangelisti (2000), a capacidade de expressar sentimentos e resolver conflitos de maneira construtiva fortalece o vínculo entre os parceiros e promove uma relação mais saudável e duradoura.

O perdão é um aspecto fundamental do amor verdadeiro. Como descrito por Worthington (2006), a habilidade de perdoar falhas e erros é essencial para manter a harmonia e a satisfação no relacionamento. O amor verdadeiro reconhece e lida com as imperfeições humanas, promovendo um ambiente de apoio e compreensão.

A psicologia positiva explora o amor verdadeiro como um fator importante para o bem-estar e a felicidade. Segundo Seligman (2002), o amor verdadeiro não só contribui para uma vida mais satisfatória e significativa, mas também promove um sentido de propósito e realização pessoal.

Comparado com outras formas de amor, como o amor fraternal ou o amor paternal, o amor romântico e o amor verdadeiro possuem características distintas. Enquanto o amor fraternal e o paternal são geralmente caracterizados por um cuidado e proteção mais incondicional, o amor romântico e verdadeiro incluem elementos de intimidade, paixão e comprometimento (BERSCHEID, 1994).

As diferenças entre amor romântico e amor verdadeiro também são influenciadas por fatores culturais. De acordo com Schwartz (2008), as expectativas culturais e sociais moldam a forma como os indivíduos percebem e experimentam o amor. Em algumas culturas, o amor romântico pode ser idealizado e promovido como um objetivo de vida, enquanto em outras, ele pode ser mais valorizado por sua profundidade e durabilidade.

As expectativas sociais desempenham um papel significativo na forma como o amor é vivido e percebido. Como discute Hochschild (2012), a pressão para conformar-se às normas e expectativas culturais pode influenciar a forma como as pessoas abordam o amor e os relacionamentos, muitas vezes colocando uma ênfase excessiva no amor romântico em detrimento do amor verdadeiro.

A evolução das relações amorosas ao longo do tempo reflete uma mudança das expectativas românticas para uma apreciação mais profunda do amor verdadeiro. Segundo Lauer e Lauer (1992), as relações que começam com amor romântico muitas vezes se transformam em relacionamentos mais estáveis e satisfatórios à medida que os parceiros amadurecem e desenvolvem um entendimento mais realista e duradouro do amor.

Enquanto o amor romântico é frequentemente idealizado e associado a uma experiência intensa e apaixonada, o amor verdadeiro é caracterizado por um comprometimento profundo e uma aceitação realista das imperfeições humanas. Ambos desempenham papéis importantes na experiência humana, mas o amor verdadeiro tende a oferecer uma base mais sólida e duradoura para relacionamentos saudáveis e satisfatórios. Reconhecer e compreender essas diferenças pode ajudar os indivíduos a cultivar relações mais significativas e gratificantes.

Feminismo e a Redefinição do Amor

O feminismo tem desafiado as convenções tradicionais sobre o amor, propondo uma redefinição que busca libertar o afeto das amarras da opressão e da violência. Este novo entendimento do amor é sustentado por importantes autoras e pensadoras que discutem como o amor pode ser uma prática de respeito e igualdade.

Simone de Beauvoir, em "O Segundo Sexo" (1949), analisa como o amor foi historicamente moldado para reforçar a subordinação das mulheres. Segundo Beauvoir, as mulheres foram relegadas a papéis secundários nos relacionamentos amorosos, o que perpetua a desigualdade (BEAUVOIR, 1949). A feminista propõe que o amor deve ser uma expressão de igualdade e respeito mútuo, desafiando as normas patriarcais que limitam a autonomia feminina.

Audre Lorde, em "A Pedra de Toque" (1981), explora como o amor pode servir como uma forma de resistência contra a opressão (LORDE, 1981). Lorde argumenta que o amor não deve ser condicionado pelo racismo ou pela homofobia, mas sim promovido como um meio de inclusão e aceitação. Sua perspectiva enfatiza a importância de uma relação amorosa que respeite a identidade e a autonomia das mulheres, especialmente das mulheres negras e lésbicas.

Bell hooks, em "O Feminismo é para Todo Mundo" (2000), critica a ideia de que o amor deve envolver submissão (HOOKS, 2000). Ela defende que o amor verdadeiro deve ser fundamentado na justiça e no respeito mútuo, desafiando as expectativas tradicionais que perpetuam a desigualdade. Hooks argumenta que o feminismo oferece uma visão de amor que promove a equidade e rejeita os padrões prejudiciais.

Judith Butler, em "Problemas de Gênero: Feminismo e Subversão da Identidade" (1990), analisa como as normas de gênero tradicionais moldam as expectativas sobre o amor e os relacionamentos (BUTLER, 1990). Butler sugere que o amor deve desafiar os papéis de gênero tradicionais e promover a liberdade individual, transformando-se em uma expressão de autonomia e igualdade.

Nancy Fraser, em "Redistribuição ou Reconhecimento?" (2003), explora a interseção entre justiça social e relações pessoais (FRASER, 2003). Fraser argumenta que a luta por justiça inclui a redefinição das relações amorosas, enfatizando que o amor deve ser um espaço de equidade. Ela defende que a redistribuição de recursos e o reconhecimento das diferenças são essenciais para um amor justo e igualitário.

Laura Bates, em "Men Who Hate Women" (2020), investiga como a socialização masculina contribui para a cultura de violência e opressão (BATES, 2020). Bates argumenta que a educação que promove respeito e igualdade pode transformar as dinâmicas amorosas, criando relações baseadas no respeito e na justiça. Sua análise destaca a importância da educação afetiva e sexual para superar as normas patriarcais.

O feminismo, ao redefinir o amor, critica as representações tradicionais que glorificam o sofrimento e a submissão (HOFF-SOMMER, 2013). A literatura e o ativismo feminista oferecem uma visão mais inclusiva e justa das relações amorosas, desafiando os padrões que perpetuam a opressão e a violência.

Essa nova perspectiva do amor, proposta pelo feminismo, não apenas desafia normas tradicionais, mas também promove um ambiente mais saudável e igualitário (CICILIANO, 2014). A prática do amor no feminismo envolve um compromisso com a justiça social e a igualdade de direitos, transformando a maneira como vivenciamos e expressamos nossos relacionamentos.

A redefinição do amor pelo feminismo é uma jornada contínua em direção a relações mais justas e igualitárias (WOLFE, 2016).

Com base nas contribuições de autoras e ativistas, o amor é visto como uma força libertadora que desafia a opressão e promove a equidade. O feminismo busca criar um ambiente onde o amor possa florescer de maneira saudável e respeitosa.

O feminismo oferece uma nova perspectiva sobre o amor, propondo uma prática que respeita a autonomia e a dignidade de todas as pessoas envolvidas (ALMEIDA, 2018). Essa redefinição é crucial para construir relações amorosas que não se baseiem na dominação ou na violência, mas na igualdade e no respeito mútuo.

A redefinição do amor proposta pelo feminismo não apenas transforma as relações afetivas, mas também influencia a forma como entendemos e experienciamos a vida em sociedade (RIBEIRO, 2021). O amor, segundo as pensadoras feministas, deve ser uma prática de respeito e equidade, desafiando as normas tradicionais que perpetuam a opressão e a violência.

CAPÍTULO

8

Patriarcado e Suas Interseções: Uma Análise Crítica

O patriarcado, conforme analisado por Heleieth Saffioti (2013), é um sistema de poder que se manifesta não apenas nas relações de gênero, mas também nas esferas econômicas, raciais e culturais. Saffioti argumenta que o capitalismo, em particular, tem sido um aliado poderoso do patriarcado, uma vez que ambos dependem da exploração das mulheres, seja no âmbito doméstico, seja no mercado de trabalho. As mulheres são muitas vezes relegadas a papéis subalternos, tanto na família quanto no trabalho, o que reforça a dependência econômica e limita as oportunidades de emancipação.

Para compreender a relação entre patriarcado e capitalismo, é essencial revisitar os estudos de Silvia Federici, especialmente em seu livro "Calibã e a Bruxa" (2017). Federici argumenta que o capitalismo, desde seu surgimento, utilizou-se de práticas patriarcais para controlar e explorar o corpo feminino, particularmente no que se refere ao trabalho reprodutivo e doméstico. Ela descreve como a caça às bruxas na Europa, entre os séculos XVI e XVII, serviu para reforçar a dominação masculina e estabelecer a divisão sexual do trabalho, criando uma base ideológica que perpetuou a subordinação das mulheres. Esse processo não foi apenas um reflexo do patriarcado, mas uma necessidade estrutural do capitalismo em formação, que dependia do trabalho gratuito das mulheres para se consolidar. Assim, o patriarcado e o capitalismo são sistemas interdependentes, que se fortalecem mutuamente por meio da opressão de gênero (Federici, 2017).

A sociologia brasileira tem se debruçado sobre essas questões, com autoras como Lélia Gonzalez destacando a interseccionalidade entre raça, gênero e classe. Gonzalez, em suas obras, como "Festas e Quilombos" (1982), discute como o racismo e o sexismo se entrelaçam para submeter as mulheres negras a formas específicas de exploração, tanto no mercado de trabalho quanto no ambiente doméstico. Ela aponta que a colonialidade, um legado duradouro do colonialismo, mantém as mulheres negras em posições de subalternidade, o que é exacerbado pelo patriarcado e pelo capitalismo. Portanto, as mulheres negras sofrem uma tripla opressão, na qual raça, gênero e classe se combinam para limitar suas oportunidades de ascensão social e econômica (Gonzalez, 1982).

A filósofa brasileira Djamila Ribeiro, em sua obra "O que é lugar de fala?" (2017), também destaca a importância da consciência crítica e da desconstrução dos privilégios masculinos. Ela argumenta que o lugar de fala não é apenas sobre quem pode falar, mas sobre quem é ouvido e como as estruturas de poder amplificam ou silenciam certas vozes. Ribeiro enfatiza que, para que haja uma verdadeira transformação social, é necessário que os homens reconheçam e abdiquem de seus privilégios, desconstruindo as narrativas patriarcais que perpetuam a desigualdade. Essa desconstrução é fundamental para criar um ambiente onde as mulheres possam exercer plenamente sua cidadania e autonomia (Ribeiro, 2017).

Na visão de Heleieth Saffioti, em "Gênero, Patriarcado, Violência" (2004), o patriarcado se perpetua na sociedade por meio de mecanismos sutis e muitas vezes invisíveis, que moldam as relações de poder desde o seio familiar até as instituições políticas e econômicas. Saffioti aponta que a naturalização dos papéis de gênero é uma das formas mais insidiosas de perpetuação do patriarcado, pois transforma a dominação masculina em algo que parece natural e inevitável. Ela argumenta que, para romper com essas estruturas, é fundamental que as mulheres se conscientizem da construção social desses papéis e lutem pela transformação das relações de poder (Saffioti, 2004).

É crucial que as mulheres despertem para as realidades opressivas em que vivem e se organizem coletivamente para resistir e transformar essas estruturas. Essa conscientização e resistência são passos essenciais para a emancipação feminina e para a construção de uma sociedade mais justa e igualitária. Ao mesmo tempo, os homens precisam se engajar no processo de desconstrução dos privilégios que o patriarcado lhes concede, reconhecendo como esses privilégios sustentam a opressão de gênero e como sua desconstrução é necessária para a equidade.

Machismo e a Perpetuação da Violência

O machismo, como salienta Joan Scott (2018), é outro pilar fundamental do patriarcado, operando por meio da naturalização das diferenças de gênero e da hierarquização das relações entre homens e mulheres. Essa ideologia legitima a violência contra as mulheres, ao mesmo tempo em que constrói a masculinidade como superior e dominante. O machismo não apenas silencia as mulheres, mas também constrange os homens a aderir a normas rígidas de masculinidade, perpetuando um ciclo de violência que afeta ambos os gêneros. No entanto, as consequências para as mulheres são significativamente mais graves, resultando em violência física, psicológica, sexual, patrimonial e moral.

O conceito de machismo é profundamente discutido por diversos autores brasileiros. Conceição Evaristo (2018) em sua obra Olhos D'Água, explora a interseccionalidade entre raça, gênero e classe social, evidenciando como o machismo e o racismo se entrelaçam para produzir formas complexas de opressão. Evaristo ressalta que a violência contra as mulheres negras, em particular, é amplificada por essas intersecções, refletindo uma hierarquização ainda mais perversa das relações sociais.

Simone de Beauvoir (2015) também oferece uma visão crítica sobre o machismo em seu clássico O Segundo Sexo. Beauvoir argumenta que a opressão das mulheres é uma construção social que fundamenta a supremacia masculina, estabelecendo um quadro em que a violência contra as mulheres é vista como um subproduto inevitável dessa hierarquia de gênero. A análise de Beauvoir é corroborada por autores contemporâneos, como Djamila Ribeiro (2021), que em Quem tem medo do feminismo negro?, destaca como o machismo contemporâneo continua a reproduzir desigualdades estruturais que afetam diretamente a vida das mulheres, particularmente das mulheres negras.

Na perspectiva internacional, bell hooks (2000), em *The Will to Change: Men, Masculinity, and Love*, examina como o patriarcado e o machismo moldam a identidade masculina e perpetuam a violência. Hooks argumenta que as normas rígidas de masculinidade não apenas oprimem as mulheres, mas também causam sofrimento aos próprios homens, que são pressionados a conformar-se a um ideal de força e dominação que é emocionalmente limitador.

A perpetuação da violência de gênero também é discutida por Raewyn Connell (2005) em *Masculinities*. Connell analisa como as construções sociais de masculinidade são fundamentais para a manutenção das hierarquias de gênero e como o machismo se manifesta em comportamentos violentos. Ela argumenta que a hegemonia da masculinidade é sustentada por uma série de práticas sociais que garantem a subordinação feminina e a violência como uma ferramenta para manter esse status quo.

O ciclo de violência perpetuado pelo machismo é evidente em diversas formas de violência contra as mulheres: física, psicológica, sexual, patrimonial e moral. Esta violência não apenas afeta a integridade das mulheres, mas também reforça a ideia de que a subordinação feminina é uma norma aceitável. Portanto, a luta contra o machismo é essencial para interromper esse ciclo e promover uma sociedade mais justa e igualitária.

Enquanto o machismo continua a desempenhar um papel central na perpetuação da violência de gênero, a resistência à desconstrução dos papéis tradicionais de gênero, especialmente por parte dos homens, constitui um desafio significativo. O próximo capítulo explorará a resistência masculina à desconstrução dos padrões tradicionais de masculinidade e como essa resistência contribui para a manutenção das desigualdades de gênero e da violência. A compreensão desses mecanismos é crucial para o desenvolvimento de estratégias eficazes de intervenção e promoção da igualdade de gênero.

A Resistência Masculina a Desconstrução dos Privilégios

Embora existam homens que buscam desconstruir seus privilégios, a maioria ainda resiste a abrir mão do poder que lhes foi concedido pela sociedade patriarcal. bell hooks, em *The Will to Change: Men, Masculinity, and Love* (2004), discute como os homens são socializados para verem a si mesmos como autossuficientes e superiores, o que muitas vezes os leva a rejeitar a desconstrução de seus privilégios, mantendo a dinâmica de poder que sustenta a violência contra as mulheres.

A resistência à mudança não é apenas individual, mas estrutural. As instituições sociais, incluindo a família, a mídia e o sistema legal, muitas vezes reforçam a ideia de que os homens têm o direito de exercer poder e controle sobre as mulheres. Isso perpetua um ciclo de violência em que as mulheres são vistas como objetos, existindo principalmente para satisfazer as necessidades emocionais e físicas dos homens.

A normalização da violência no contexto de relações no qual o homem é o centro do universo da mulher tem consequências devastadoras. As mulheres, ensinadas a amar incondicionalmente, acabam aceitando e suportando violências físicas, emocionais, sexuais e patrimoniais como parte de seu dever de manter a relação. Essa aceitação, entretanto, não é inofensiva. Segundo o Atlas da Violência (2023), o Brasil tem uma das mais altas taxas de feminicídio no mundo, com muitas dessas mortes ocorrendo dentro do contexto doméstico.

Saffioti e Almeida (2011) enfatizam que a violência de gênero é um fenômeno sistêmico, enraizado em relações de poder desiguais que são legitimadas e perpetuadas pela sociedade. A ideia de que "o amor tudo suporta" muitas vezes serve como uma justificativa para a perpetuação de diversas formas de violência, criando uma cultura em que as mulheres são ensinadas a valorizar a manutenção da relação acima de seu próprio bem-estar e segurança.

A centralidade dos homens no universo das mulheres é um constructo social que perpetua a desigualdade de gênero e sustenta ciclos de violência. Embora existam esforços para desconstruir essas dinâmicas, a resistência masculina, tanto individual quanto estrutural, dificulta a mudança. É essencial que a sociedade reconheça e confronte essas questões, promovendo uma cultura em que o valor e a identidade das mulheres não estejam subordinados à presença ou aprovação masculina, e que a violência de gênero seja inaceitável em qualquer circunstância.

Racismo e a Dupla Opressão das Mulheres Negras

O racismo é outro tentáculo do patriarcado que agrava as experiências de violência vividas por mulheres negras. Patrícia Hill Collins (2019) discute como as mulheres negras enfrentam uma dupla opressão: de gênero e de raça. Elas são frequentemente desumanizadas e hipersexualizadas, o que aumenta sua vulnerabilidade à violência sexual e à exploração econômica. No Brasil, o racismo institucionalizado perpetua a marginalização das mulheres negras, limitando seu acesso à educação, saúde e justiça. O feminismo interseccional, proposto por Collins, busca compreender e combater essas múltiplas formas de opressão de maneira articulada.

No Brasil, o racismo institucionalizado, como descrito por Lélia Gonzalez (1988), perpetua a marginalização das mulheres negras ao negar-lhes acesso a direitos básicos, como saúde e educação. Gonzalez aponta que as mulheres negras são frequentemente as principais vítimas de políticas públicas ineficazes e discriminatórias. A violência obstétrica, por exemplo, é uma forma de violência institucional que afeta desproporcionalmente as mulheres negras, conforme evidenciado em estudos como o de Anistia Internacional (2017), que mostram que essas mulheres têm menos acesso a cuidados pré-natais adequados e enfrentam mais complicações durante o parto.

A divisão racial dentro do movimento feminista também representa um obstáculo significativo para o avanço das lutas das mulheres negras. Segundo Carla Akotirene (2018), o feminismo branco muitas vezes não reconhece as especificidades das opressões vividas pelas mulheres negras, o que resulta em uma exclusão de suas demandas do debate feminista mainstream. Akotirene propõe que a adoção de uma perspectiva interseccional, como sugerida por Collins, é essencial para que o feminismo possa verdadeiramente representar todas as mulheres e combater as múltiplas formas de opressão de maneira eficaz.

A marginalização das mulheres negras não se restringe apenas à violência física, mas também inclui a violência simbólica, que é perpetuada por meio da mídia, do sistema de justiça e das instituições educacionais. Abdias do Nascimento (1980) argumenta que o racismo no Brasil é estrutural e está enraizado em todas as esferas da sociedade, perpetuando a inferiorização e a desumanização das pessoas negras. Para Nascimento, a luta contra o racismo deve ser uma prioridade dentro do movimento feminista, uma vez que não há como alcançar a verdadeira igualdade de gênero sem primeiro enfrentar as desigualdades raciais.

O conceito de "solidão da mulher negra" tem sido abordado por diversas autoras, como Sueli Carneiro (2011), que explica como a combinação do racismo e do machismo exclui as mulheres negras dos espaços de poder e afeto. Segundo Carneiro, a solidão da mulher negra não se refere apenas à ausência de companheiros, mas também à sua marginalização em todos os aspectos da vida social. Essa exclusão sistemática contribui para que elas sejam mais vulneráveis a diversas formas de violência, desde a violência doméstica até o abuso institucional. Carneiro argumenta que a desumanização histórica das mulheres negras no Brasil, herança do período escravocrata, ainda permeia as estruturas sociais e políticas do país.

Outro fator que acentua a vulnerabilidade das mulheres negras à violência é a estereotipação racista, que as retrata como "mulheres fortes" e, portanto, menos sensíveis ao sofrimento. Djamila Ribeiro (2017) critica essa visão, afirmando que o mito da força da mulher negra é uma forma de justificar a violência e negligência que elas enfrentam. Ribeiro argumenta que essa narrativa desumanizadora reforça a ideia de que as mulheres negras devem suportar mais dor e sacrifício do que outras mulheres, perpetuando uma lógica de exploração que as coloca em desvantagem tanto no mercado de trabalho quanto nas relações interpessoais.

Homofobia e a Violência contra Mulheres LGBTQIA+

A homofobia, como discutido por Judith Butler (1990), é uma forma de violência que não apenas afeta pessoas LGBTQIA+, mas também reforça as normas de gênero que subjugam as mulheres. A homofobia opera como um mecanismo de controle social, punindo aqueles que desafiam as normas heteronormativas e patriarcais. As mulheres lésbicas e bissexuais, em particular, são alvos de dupla discriminação, enfrentando tanto a misoginia quanto a homofobia. Butler argumenta que a homofobia é uma expressão do medo do "outro", que ameaça a estabilidade das identidades de gênero tradicionais, e que combater essa forma de violência é essencial para a libertação de todas as mulheres. No contexto brasileiro, pesquisadores como Guacira Lopes Louro (2001) exploram como a homofobia está intrinsecamente ligada ao machismo e à misoginia, perpetuando a desigualdade de gênero. Louro argumenta que as mulheres LGBTQIA+, em particular, enfrentam uma dupla marginalização, sendo punidas não apenas por sua identidade sexual, mas também por desafiar o papel tradicionalmente esperado das mulheres na sociedade. Isso revela que a homofobia é um mecanismo que protege o patriarcado, assegurando que tanto a heteronormatividade quanto a subordinação feminina sejam mantidas.

Ao examinar as mulheres cis e trans, o cenário se torna ainda mais complexo. Pesquisadores como Jaqueline Gomes de Jesus (2013) apontam que mulheres trans são as que mais sofrem com a violência homofóbica e transfóbica no Brasil. Segundo Gomes de Jesus, a transfobia é uma forma extrema de homofobia, que se manifesta de maneira mais agressiva contra as mulheres trans devido à quebra total das expectativas de gênero. Essas mulheres são frequentemente alvo de violência física, emocional e sexual, que é justificada pelo imaginário social de que sua existência é uma afronta à "ordem natural" das coisas. Essa realidade é corroborada pelos dados alarmantes de violência contra pessoas trans no Brasil, considerado um dos países mais perigosos para essa população (Carvalho, 2020).

Maria Clara Araújo (2020), outra referência no estudo da interseccionalidade entre gênero e sexualidade, discute como a sociedade brasileira, marcada por fortes raízes patriarcais, condiciona a violência contra mulheres lésbicas, bissexuais e trans de uma forma que diferencia essa violência da enfrentada por homens gays. Araújo aponta que, enquanto a homofobia contra homens gays é frequentemente moldada pela aversão à feminilidade, a violência contra mulheres LGBTQIA+ é agravada pelo ódio à sua condição de mulher. Isso se reflete nas formas específicas de violência, como os estupros corretivos, que visam "corrigir" a sexualidade dessas mulheres, uma prática atroz que é muito menos comum no caso dos homens gays.

Além disso, o trabalho de Tatiana Lionço (2011) expande a discussão sobre como o preconceito e a discriminação vividos por mulheres LGBTQIA+ são reforçados pelas instituições sociais, como a família, a escola e o sistema de justiça. Lionço argumenta que essas instituições frequentemente reproduzem e legitimam a homofobia e o machismo, criando ambientes hostis onde a violência contra essas mulheres é normalizada ou até mesmo incentivada. Por exemplo, a falta de políticas públicas efetivas para a proteção de mulheres LGBTQIA+ é uma demonstração clara de como o Estado falha em reconhecer e combater essa forma específica de violência.

Portanto, ao abordar a homofobia no contexto das mulheres LGBTQIA+, é essencial reconhecer que essa violência é complexa. Não se trata apenas de uma aversão à orientação sexual, mas de uma forma de controle social que se entrelaça com o machismo, o patriarcado e outras formas de opressão. Combatê-la, como argumentam os estudiosos mencionados, é crucial para a emancipação de todas as mulheres, cis e trans, e para a construção de uma sociedade verdadeiramente igualitária.

Pressões Estéticas e a Violência Silenciosa

As pressões estéticas, como observa *Naomi Wolf (1991)*, são uma forma sutil, mas poderosa, de violência contra as mulheres. Wolf argumenta que a "tirania da beleza" é uma forma de controle social que força as mulheres a conformarem seus corpos a padrões inatingíveis, muitas vezes à custa de sua saúde física e mental. Essa forma de violência é silenciosa, mas onipresente, afetando a autoestima das mulheres desde a infância até a velhice. A busca incessante pela beleza ideal perpetua um ciclo de insatisfação e auto-ódio, que é explorado pela indústria da moda, da beleza e até mesmo pelo sistema de saúde.

Estatísticas demonstram a gravidade desse problema. Segundo dados do Global Aesthetic Survey (2018), o Brasil lidera o ranking mundial de cirurgias plásticas estéticas, com mais de 1,5 milhão de procedimentos realizados anualmente. A pressão por alcançar um padrão de beleza ideal leva muitas mulheres a se submeterem a cirurgias arriscadas; em 2019, a Sociedade Internacional de Cirurgia Plástica Estética (ISAPS) reportou que, em média, uma em cada 3.000 pacientes morre devido a complicações cirúrgicas, destacando o impacto letal dessas pressões.

Além das cirurgias, a indústria estética se aproveita da insegurança feminina, gerando lucros astronômicos. Em 2022, a Euromonitor International estimou que o mercado global de beleza e cuidados pessoais movimentou cerca de 500 bilhões de dólares. No Brasil, o setor cresceu 5,8% em 2021, sendo o segundo maior mercado consumidor de produtos de beleza no mundo. Esse crescimento é alimentado por uma cultura que valoriza o capital estético, uma forma de misoginia que associa o valor de uma mulher à sua aparência, perpetuando a insatisfação e o auto-ódio.

Essas pressões estéticas não apenas marginalizam, mas também excluem corpos que não se enquadram nos padrões coloniais, exacerbando a violência contra mulheres negras. A colonização impôs padrões eurocêntricos de beleza que continuam a excluir mulheres negras, cujos corpos e características são frequentemente invisibilizados e desvalorizados. Pesquisas como as de Miriam Alves (2015) e Djamila Ribeiro (2018) evidenciam como a estética racista perpetua a exclusão e o apagamento da beleza negra, reforçando uma hierarquia social que marginaliza essas mulheres.

É crucial reconhecer que as pressões estéticas não são apenas uma questão de vaidade, mas uma forma sistêmica de violência que perpetua a opressão e o controle sobre os corpos femininos. Conforme argumentam autoras como Judith Butler (1990) e bell hooks (1992), a conformidade aos padrões de beleza não é meramente uma escolha pessoal, mas uma exigência imposta por um sistema patriarcal que busca restringir a autonomia feminina.

Fundamentalismo Religioso e o Controle sobre o Corpo Feminino

O fundamentalismo religioso, como analisado por Françoise Gaspard (1994), é uma força que reforça o controle patriarcal sobre o corpo e a sexualidade das mulheres. Gaspard argumenta que em muitas sociedades, a religião tem sido utilizada para justificar a subordinação das mulheres, impondo-lhes papéis restritivos e limitando sua liberdade sexual e reprodutiva. No Brasil, o crescimento do fundamentalismo religioso tem influenciado políticas públicas, particularmente em áreas como direitos reprodutivos, nos quais o corpo feminino se torna um campo de batalha para disputas ideológicas.

Tanto historicamente quanto na contemporaneidade, esse fenômeno atua como uma força que não apenas reforça, mas legitima a subordinação das mulheres em muitas sociedades. Por meio de preceitos religiosos, são impostas às mulheres normas rígidas que restringem sua autonomia, sobretudo no que tange à liberdade sexual e reprodutiva. Em várias culturas, essas imposições têm sido aceitas e até celebradas como aspectos inquestionáveis da tradição e da moralidade.

No Brasil, o avanço do fundamentalismo religioso tem impactado significativamente as políticas públicas, especialmente no campo dos direitos reprodutivos. Segundo dados do Instituto de Pesquisa Econômica Aplicada (IPEA, 2020), o crescimento das influências religiosas na política resultou em uma série de retrocessos legais e sociais. A proibição de políticas que garantem o acesso ao aborto seguro e legal, por exemplo, é uma consequência direta da pressão exercida por grupos religiosos fundamentalistas. Esse cenário é alarmante, pois coloca o corpo feminino como um campo de batalha onde as disputas ideológicas e religiosas são travadas, em detrimento da autonomia e dos direitos humanos das mulheres (SILVA, 2019).

Além das questões reprodutivas, o fundamentalismo religioso também reforça estereótipos de gênero que aprisionam as mulheres em papéis restritivos. Conforme argumenta Judith Butler (2004), tais estereótipos são internalizados pelas mulheres, levando-as a aceitar uma subordinação que parece natural e inevitável. No contexto brasileiro, essa dinâmica é exacerbada pela crescente influência de lideranças religiosas que promovem a ideia de que a mulher deve ser submissa ao homem, tanto no âmbito privado quanto público. Essa visão é compartilhada por boa parte da população, o que torna mais grave a desigualdade de gênero e a violência contra as mulheres (OLIVEIRA, 2018).

Pesquisas indicam que o avanço do fundamentalismo religioso também ameaça diretamente os direitos humanos. De acordo com um relatório da Human Rights Watch (2021), houve um aumento significativo de casos em que mulheres foram negadas a assistência médica adequada em nome de preceitos religiosos. Esses casos não se restringem ao campo da saúde reprodutiva, mas incluem também situações em que mulheres foram discriminadas em ambientes de trabalho ou educacionais por não aderirem a normas de vestimenta ou comportamento ditadas por religiões específicas. Essa vigilância sobre o corpo e comportamento das mulheres, respaldada por ideologias fundamentalistas, revela um controle que vai além da esfera privada e atinge todas as dimensões da vida social.

O fundamentalismo religioso representa uma grave ameaça à liberdade feminina e aos direitos humanos, ao estabelecer um controle rigoroso sobre o corpo e a sexualidade das mulheres. As estatísticas e estudos mencionados demonstram o impacto desse fenômeno na vida das mulheres brasileiras e a urgência de se discutir e combater essas práticas opressivas. Assim, torna-se fundamental que a sociedade civil, bem como as instituições governamentais, tomem medidas concretas para proteger os direitos das mulheres, assegurando sua autonomia e liberdade diante de imposições religiosas.

Monogamia e o Controle das Relações Afetivas

A monogamia, conforme discutido por *Elizabeth Brake (2012)*, pode ser vista como outra instituição que reforça a desigualdade de gênero, ao estabelecer normas rígidas sobre como as relações afetivas devem ser estruturadas. Brake argumenta que a monogamia tradicional, ao ser vinculada ao controle da sexualidade feminina, contribui para a manutenção do patriarcado, ao mesmo tempo em que deslegitima outras formas de relacionamento que poderiam ser mais igualitárias. A monogamia, quando imposta como norma, pode ser uma fonte de violência emocional e psicológica, especialmente em contextos no qual o casamento é visto como uma instituição sagrada e inviolável.

No entanto, a crescente popularidade da não-monogamia em várias partes do mundo não necessariamente resulta em maior liberdade para as mulheres. Embora a não-monogamia seja frequentemente apresentada como uma alternativa que desafia as normas patriarcais, muitos homens continuam a exercer controle sobre suas parceiras mesmo nesses arranjos. Como aponta Anderson (2010), a não-monogamia pode, em alguns casos, perpetuar as mesmas dinâmicas de poder encontradas em relacionamentos monogâmicos, com homens utilizando a flexibilidade relacional como uma ferramenta para explorar ou manipular suas parceiras. Portanto, a simples adoção de um modelo não monogâmico não garante uma relação verdadeiramente igualitária.

A realidade é que a liberdade plena nas relações afetivas para as mulheres permanece inalcançável enquanto os homens não abrirem mão de seus privilégios e do controle sobre os corpos femininos. De acordo com Piscitelli (2011), tanto na monogamia quanto na não-monogamia, as relações de poder de gênero ainda são prevalentes, e as mulheres continuam a lutar contra formas sutis e explícitas de opressão. Para muitas mulheres, a promessa de liberdade sexual e afetiva oferecida pela não-monogamia pode ser ilusória, se as dinâmicas de poder subjacentes não forem confrontadas e transformadas.

Em termos comparativos, a monogamia e a não-monogamia apresentam diferentes desafios e oportunidades para as mulheres. A monogamia, ao ser institucionalmente sancionada, muitas vezes cria uma pressão para a conformidade e o sacrifício pessoal, particularmente para as mulheres, que são socialmente condicionadas a valorizar a estabilidade relacional e o compromisso em detrimento de sua própria autonomia. Por outro lado, a não-monogamia, embora ofereça uma alternativa ao modelo tradicional, pode muitas vezes não oferecer as garantias de respeito e igualdade que as mulheres buscam, especialmente em sociedades ainda profundamente patriarcais.

Portanto, enquanto as discussões sobre monogamia e não-monogamia continuam a evoluir, é crucial que essas conversas não percam de vista as questões de poder de gênero e controle sobre os corpos femininos. Somente quando essas questões forem plenamente enfrentadas, será possível para as mulheres alcançar uma liberdade relacional genuína, seja dentro ou fora do modelo monogâmico.

Não Monogamia Ainda Não é Sinônimo de Liberdade para as Mulheres

A não-monogamia refere-se a práticas e crenças que permitem ou incentivam múltiplos relacionamentos românticos ou sexuais simultâneos, com o consentimento de todas as partes envolvidas (SILVA, 2017). Os modelos relacionais não monogâmicos podem variar amplamente, incluindo poliamor, relacionamentos abertos, anarquia relacional, entre outros (DIAS, 2020). Embora a não-monogamia seja muitas vezes vista como uma forma de quebrar as normas tradicionais e proporcionar maior liberdade sexual e afetiva, ela não está isenta de reproduzir dinâmicas de poder e controle, especialmente no que tange às mulheres (PINHEIRO, 2019).

Os modelos relacionais não monogâmicos incluem uma ampla gama de práticas. O poliamor, por exemplo, é um modelo em que as pessoas mantêm múltiplas relações amorosas e sexuais simultaneamente, com o conhecimento e consentimento de todas as partes envolvidas (BROWN, 2018). Já os relacionamentos abertos permitem que parceiros estabelecidos se envolvam sexualmente com outras pessoas, mas mantêm uma relação afetiva central (FERREIRA, 2019). A anarquia relacional, por sua vez, rejeita hierarquias tradicionais nas relações, favorecendo uma abordagem mais fluida e individualizada (SOUSA, 2021). Contudo, mesmo dentro desses modelos, é possível observar como homens ainda exercem controle sobre as mulheres, replicando padrões de violência estrutural presentes em relações monogâmicas (GOMES, 2022).

Geni Papos (2015) explora a não-monogamia como uma potencial ruptura ao modelo tradicional de relacionamentos, mas adverte que essas práticas, se não acompanhadas de uma reflexão crítica, podem ainda perpetuar dinâmicas de poder opressivas. Para Papos, a não-monogamia precisa ser praticada com uma consciência crítica das estruturas de poder que podem ser reproduzidas, evitando assim a manutenção das desigualdades presentes nas relações monogâmicas tradicionais. Da mesma forma, Regina Navarro Lins (2002), em sua obra A Cama na Varanda, discute a não-monogamia como uma forma de questionar as normas estabelecidas, mas destaca que a liberdade sexual por si só não é suficiente para desconstruir as desigualdades de gênero profundas. Navarro enfatiza a necessidade de uma prática consciente e crítica para evitar que essas práticas alternativas acabem por reproduzir as opressões tradicionais.

A anarquia relacional, que rejeita hierarquias tradicionais e favorece uma abordagem mais fluida e individualizada nas relações, também não está isenta de críticas. Embora ofereça uma perspectiva mais flexível, a prática da anarquia relacional ainda pode reproduzir estruturas de controle e opressão se não houver um esforço consciente para garantir igualdade e respeito (SOUSA, 2021). Brigitte Vasallo (2018) acrescenta uma crítica relevante, afirmando que a não-monogamia, quando não acompanhada de uma análise crítica das estruturas patriarcais, pode reforçar a desigualdade em vez de promover uma verdadeira libertação. Vasallo argumenta que, sem uma abordagem crítica, os desafios poliamorosos podem se transformar em novas formas de controle e opressão.

A teoria de Brigitte Vasallo (2018) destaca que, mesmo dentro de modelos relacionais não monogâmicos, a dinâmica de poder pode ser reproduzida se não houver uma vigilância constante sobre as práticas e expectativas estabelecidas. Vasallo argumenta que a não-monogamia pode oferecer uma aparência de liberdade, mas, sem uma crítica profunda das estruturas patriarcais, pode simplesmente transformar as velhas formas de controle em novas. Assim, os desafios poliamorosos não são isentos de complexidade, e é essencial abordá-los com uma análise crítica para evitar a perpetuação da opressão.

Portanto, reconhecer que a não-monogamia, por mais inovadora que seja, não é uma solução mágica para os problemas de violência e desigualdade de gênero. As práticas não monogâmicas devem ser analisadas criticamente, considerando as dinâmicas de poder e a autonomia feminina, para garantir que elas não se tornem uma nova forma de opressão disfarçada de liberdade (MARTINS, 2019). Em última análise, a diferença nas percepções de relacionamentos e amor entre homens e mulheres ainda pode levar à reprodução de padrões de opressão, mesmo em contextos não monogâmicos.

Embora a não-monogamia seja frequentemente apresentada como uma alternativa mais igualitária e livre às relações monogâmicas, estudos indicam que muitas vezes, as dinâmicas de poder e controle masculinas são reproduzidas (COSTA, 2020). Homens, em muitos casos, utilizam a não-monogamia para justificar comportamentos possessivos ou abusivos, mascarando tais práticas sob a aparência de liberdade sexual (OLIVEIRA, 2021). As mulheres, por outro lado, podem enfrentar pressão para se conformarem a expectativas não monogâmicas que não refletem seus próprios desejos ou limites, perpetuando um ciclo de violência emocional e psicológica (MARTINS, 2019).

Apesar de seu potencial libertador, a não-monogamia não é automaticamente sinônimo de liberdade, especialmente para as mulheres. As mesmas estruturas de opressão e controle que permeiam as relações monogâmicas podem ser encontradas em relações não monogâmicas, exigindo uma reflexão crítica e uma abordagem consciente para evitar a reprodução de violência e desigualdade (NASCIMENTO, 2022). Ao questionar a não-monogamia, é essencial considerar as dinâmicas de poder e o papel da autonomia feminina, garantindo que todas as relações, monogâmicas ou não, sejam construídas sobre bases de respeito e igualdade.

CAPÍTULO

9

O Despertar Feminino e o Desafio de Transformar a Sociedade

O processo histórico de violência contra as mulheres é um reflexo profundo e doloroso de uma sociedade enraizada em estruturas patriarcais que moldam comportamentos, crenças e normas sociais. Esse patriarcado não opera de forma isolada, mas é sustentado por diversos "tentáculos" que reforçam e perpetuam a desigualdade: capitalismo, machismo, racismo, homofobia, transfobia, pressões estéticas, fundamentalismo religioso, e a monogamia. Estes sistemas opressivos não apenas convergem, mas também se entrelaçam, formando uma teia complexa de violência que atinge mulheres e crianças ao longo de suas vidas.

A socióloga Heleieth Saffioti, em sua obra "Gênero, Patriarcado e Violência" (2004), argumenta que a violência de gênero é uma manifestação concreta da dominação patriarcal, sendo o corpo da mulher o território onde essa opressão se materializa de forma mais evidente. Para Saffioti, essa violência não é um ato isolado, mas um mecanismo sistemático de controle, que se alinha e se reforça por meio de outros eixos de poder, como a exploração econômica e a discriminação racial.

Outro teórico essencial é o filósofo brasileiro Marilena Chaui, que discute em "Simulacro e poder: uma análise da mídia" (1993) como as pressões estéticas e a objetificação do corpo feminino são instrumentos do patriarcado para manter as mulheres sob controle. A sociedade de consumo capitalista, segundo Chaui, transforma o corpo da mulher em mercadoria, impondo padrões inatingíveis de beleza que perpetuam a insegurança e a submissão feminina.

O antropólogo Kabengele Munanga, em suas análises sobre racismo no Brasil, mostra como as mulheres negras sofrem com a intersecção entre racismo e sexismo. Munanga argumenta que, enquanto o racismo estrutural nega às mulheres negras o acesso a oportunidades, o machismo as marginaliza ainda mais, tornando-as vítimas preferenciais da violência, tanto física quanto simbólica.

Além disso, precisamos considerar o impacto do fundamentalismo religioso, que, conforme apontado por Débora Diniz em suas pesquisas sobre direitos reprodutivos, frequentemente legitima e perpetua a subordinação das mulheres ao relegar a elas papéis restritos e subservientes, principalmente na esfera da sexualidade e da reprodução.

A monogamia, por sua vez, longe de ser uma forma de união consensual entre iguais, é interpretada por teóricos como Lélia Gonzalez como uma ferramenta de controle social e sexual, em que a fidelidade é exigida das mulheres como uma forma de garantir o controle masculino sobre a prole e a sexualidade feminina. Gonzalez argumenta que esse modelo, profundamente arraigado na cultura patriarcal, reforça a ideia de posse e controle sobre o corpo feminino.

Diante desse cenário, é crucial que as mulheres despertem para essa realidade de opressão. O feminismo interseccional, uma corrente teórica e prática que une as lutas contra o racismo, o classismo, a homofobia e o machismo, oferece ferramentas importantes para essa conscientização. Pesquisadoras como Carla Akotirene têm contribuído para essa discussão ao evidenciar como a interseccionalidade permite uma compreensão mais ampla e profunda das múltiplas formas de violência que afetam as mulheres, especialmente aquelas em situação de maior vulnerabilidade.

A conscientização dessas dinâmicas opressoras é o primeiro passo para que as mulheres possam se organizar e resistir coletivamente. Somente por meio do reconhecimento das diversas formas de violência a que estão sujeitas é que poderão desenvolver estratégias eficazes de resistência e emancipação. É essencial, portanto, que a educação feminista e antirracista se expanda, alcançando cada vez mais mulheres e promovendo uma reflexão crítica sobre o mundo em que vivem.

Conscientização e Educação

Para combater a violência contra as mulheres, é essencial investir em conscientização e educação, tanto das vítimas quanto da sociedade em geral. As mulheres precisam ser encorajadas a reconhecer os sinais de violência e a buscar apoio imediatamente, sem medo de serem desacreditadas ou julgadas. Programas educativos nas escolas e campanhas de sensibilização pública são fundamentais para mudar a percepção social da violência contra as mulheres, destacando sua gravidade e suas consequências. Além disso, é necessário fortalecer as leis que protegem as vítimas e punem os agressores, garantindo que a violência seja tratada com a seriedade que merece.

Wânia Pasinato (2019), em seus estudos sobre a Lei Maria da Penha, destaca que, apesar dos avanços na legislação brasileira, a implementação de medidas de proteção às mulheres ainda enfrenta muitos desafios, especialmente no Rio de Janeiro. A aplicação da lei é muitas vezes limitada pela falta de recursos, pela ineficiência do sistema judiciário e pela resistência cultural. Pasinato enfatiza que, para que a lei seja efetiva, é necessário um esforço contínuo de capacitação de profissionais da segurança pública e da justiça, além de campanhas de conscientização para a população.

As estatísticas sobre violência contra as mulheres no Rio de Janeiro são alarmantes. Segundo o Dossiê Mulher 2023, publicado pelo Instituto de Segurança Pública (ISP), o estado registrou mais de 65 mil casos de violência doméstica e familiar em 2022, com um aumento significativo no número de feminicídios. Esses dados refletem a gravidade da situação e a necessidade urgente de políticas públicas eficazes para proteger as mulheres. Os autores brasileiros citados anteriormente concordam que a violência de gênero é uma questão complexa que requer uma abordagem multidisciplinar e intersetorial.

Finalmente, é importante ressaltar que a violência contra as mulheres no Rio de Janeiro e em outras regiões do Brasil é uma questão de direitos humanos. Conforme apontado por Pitanguy (2021), a violência de gênero não pode ser vista apenas como um problema individual, mas como uma violação dos direitos humanos das mulheres, que exige uma resposta forte e coordenada do Estado e da sociedade civil. A implementação de políticas públicas eficazes, o fortalecimento das redes de apoio e a conscientização sobre os direitos das mulheres são passos fundamentais para romper o ciclo de violência e promover a igualdade de gênero no Brasil.

A Importância do Despertar Feminino

Ao refletirmos sobre todas essas formas de violência e opressão, torna-se claro que o despertar feminino é não apenas necessário, mas urgente. Bell hooks (2000) argumenta que o feminismo é, acima de tudo, um movimento para acabar com o sexismo, a exploração sexista e a opressão. Este despertar, no entanto, não deve ser apenas individual, mas coletivo, englobando tanto as mulheres quanto os homens, e desafiando todas as formas de opressão que sustentam o patriarcado. É um chamado à ação para criar uma sociedade mais justa e equitativa, na qual todas as mulheres, independentemente de sua raça, orientação sexual, religião ou classe social, possam viver livres de violência e opressão.

O despertar feminino não é um processo isolado, mas um movimento profundamente enraizado na luta social e política. Conceitos como "consciência crítica", desenvolvidos por Paulo Freire (2000), nos ajudam a entender a necessidade de uma educação emancipadora que permita às mulheres reconhecerem e questionarem as estruturas opressoras que as cercam. Freire destaca a importância do diálogo e da conscientização como ferramentas para a transformação social, elementos essenciais para que o despertar feminino se converta em uma força coletiva capaz de romper com os padrões patriarcais.

Além disso, a socióloga brasileira Heleieth Saffioti (2004) aborda a interseccionalidade de opressões, evidenciando como o patriarcado está intrinsecamente ligado ao capitalismo, ao racismo e outras formas de dominação. Saffioti argumenta que o feminismo deve ser visto como uma luta plural, que reconhece as diferentes experiências de opressão vividas pelas mulheres, especialmente as negras, indígenas, e as de classes populares. O despertar feminino, portanto, é também um chamado para o reconhecimento dessas múltiplas identidades e para a criação de um feminismo inclusivo e interseccional, que combata todas as formas de opressão simultaneamente.

O conceito de sororidade, amplamente explorado por autoras como Márcia Tiburi (2018), também é crucial nesse processo de despertar. Tiburi defende que a sororidade é uma prática de apoio mútuo entre as mulheres, uma aliança política que permite a criação de redes de suporte e resistência contra a violência e a opressão. A sororidade, portanto, é um componente essencial do despertar feminino, pois fomenta a solidariedade e o empoderamento coletivo.

O despertar feminino também deve ser entendido como uma jornada contínua de autoconhecimento e resistência. Conceitos como o "cuidado de si" discutido por Michel Foucault (1984), e posteriormente expandido por autoras feministas como Judith Butler (2004), sugerem que a tomada de consciência não se limita ao reconhecimento externo das estruturas opressoras, mas também ao processo interno de se desvencilhar das normas e expectativas patriarcais que foram internalizadas ao longo do tempo. Este processo de autoconhecimento é essencial para que as mulheres se apropriem de suas identidades, corpos e desejos de forma plena e autônoma.

Outra dimensão importante do despertar feminino é o impacto econômico desse processo. Silvia Federici (2017), ao discutir o papel das mulheres na reprodução social, argumenta que o trabalho não remunerado das mulheres dentro do lar é um dos pilares fundamentais da economia capitalista. O despertar feminino envolve, portanto, a conscientização sobre essa exploração econômica e a luta por uma valorização justa do trabalho doméstico, assim como a reivindicação por políticas públicas que garantam a equidade de gênero no mercado de trabalho. A economista brasileira Maria da Conceição Tavares (1992) também discute a importância de integrar as questões de gênero na análise econômica, apontando como a desigualdade de gênero está profundamente enraizada nas estruturas econômicas.

No âmbito político, o despertar feminino se manifesta na luta por direitos e na participação ativa das mulheres nos espaços de poder. Conceitos como "feminismo de Estado", discutido por autoras como Flávia Biroli (2016), ressaltam a importância de políticas públicas que promovam a igualdade de gênero e protejam as mulheres contra a violência. Biroli argumenta que o feminismo deve ser incorporado às estruturas de governança para que as mudanças estruturais necessárias sejam implementadas, desde a equidade salarial até o combate à violência doméstica.

Culturalmente, o despertar feminino envolve a desconstrução dos estereótipos e normas sociais que perpetuam a desigualdade. Autoras como Angela Davis (1981) e Sueli Carneiro (1999) exploram como a cultura popular e os meios de comunicação contribuem para a manutenção das estruturas racistas e sexistas, e como a resistência cultural pode ser uma ferramenta poderosa para o empoderamento das mulheres. A crítica cultural deve ser aliada a uma prática feminista que valorize as diversas formas de expressão das mulheres, rompendo com os padrões eurocêntricos e coloniais.

Por fim, é crucial reconhecer que o despertar feminino não é apenas um fim em si mesmo, mas um meio para a transformação da sociedade como um todo. Como apontam autores como Judith Butler (1990) e Gayatri Spivak (1988), a luta feminista deve ser vista como parte de um projeto mais amplo de justiça social, que desafia não apenas o patriarcado, mas todas as formas de opressão que afetam as vidas das mulheres. O despertar feminino é, portanto, um processo contínuo de resistência, aprendizado e solidariedade, que visa a construção de uma sociedade na qual todas as pessoas possam viver com dignidade e igualdade.

A Transformação da Sociedade: Uma Tarefa Coletiva

A transformação da sociedade exige um esforço coletivo que não pode ser delegado apenas às mulheres ou aos movimentos feministas. Para desmantelar as estruturas patriarcais que sustentam a violência de gênero, é fundamental que haja um engajamento amplo e interdisciplinar, envolvendo não apenas as vítimas diretas dessas opressões, mas toda a sociedade. Conforme enfatiza Angela Davis (1981), a luta pela liberdade das mulheres está inextricavelmente ligada à luta por justiça social em todas as suas formas. Assim, o combate ao patriarcado e às diversas formas de violência de gênero requer uma coalizão que inclua mulheres e homens, brancos e negros, ricos e pobres, de modo a desafiar e reformular as estruturas de poder que perpetuam essas desigualdades.

No Brasil, a teórica Sueli Carneiro (2011) destaca a importância de considerar as interseccionalidades, ou seja, a sobreposição de diferentes formas de opressão, como racismo, machismo e classismo, na luta por equidade. Para Carneiro, as mulheres negras enfrentam uma violência que é ao mesmo tempo de gênero e racial, o que revela as camadas múltiplas de discriminação que se cruzam em suas vidas. Ela argumenta que a violência contra as mulheres negras é uma manifestação de um sistema que marginaliza e desumaniza certos corpos em função de suas características raciais e sociais. A superação dessa realidade exige uma ação conjunta que reconheça e combata esses múltiplos e entrelaçados sistemas de opressão. Nesse sentido, as políticas públicas devem ser desenhadas com uma sensibilidade interseccional, reconhecendo que as experiências das mulheres variam significativamente de acordo com raça, classe, sexualidade e outras identidades.

Além das mudanças institucionais, como salienta Heleieth Saffioti (2004), é imperativo promover uma revolução cultural. Saffioti argumenta que as estruturas patriarcais se perpetuam não apenas por meio de leis injustas ou práticas institucionais discriminatórias, mas também por meio da internalização de normas e valores que naturalizam a desigualdade de gênero. Essa naturalização é muitas vezes tão insidiosa que se torna invisível, sendo incorporada nas atitudes e comportamentos cotidianos. Nesse sentido, a educação surge como uma ferramenta crucial para desconstruir essas normas e promover uma nova cultura baseada na igualdade e no respeito mútuo. A transformação das mentalidades é, portanto, um passo fundamental na construção de uma sociedade mais justa e equânime. Isso inclui a reformulação dos currículos escolares para incluir uma educação de gênero desde a infância, além de campanhas públicas que questionem e desestabilizem os estereótipos de gênero.

A socióloga Flávia Biroli (2018) ressalta a importância da democratização das relações de gênero no espaço público e privado. Segundo Biroli, a luta por igualdade de gênero deve se manifestar não apenas na esfera pública, por meio de políticas de equidade, mas também na esfera privada, na qual as relações cotidianas são formadas e que muitas formas de violência e desigualdade são reproduzidas. Isso inclui desde a divisão justa das responsabilidades domésticas até o respeito pelas decisões e pela autonomia das mulheres em suas vidas pessoais. Ela argumenta que as desigualdades de gênero no espaço doméstico são uma das principais barreiras para a plena participação das mulheres na vida pública, pois o trabalho doméstico não remunerado limita suas oportunidades de desenvolvimento pessoal e profissional. A mudança nas atitudes dentro do lar é tão crucial quanto as reformas legislativas, pois é nesse espaço íntimo que muitos dos valores patriarcais são transmitidos e perpetuados. Além disso, a democratização das relações privadas exige um questionamento do modelo tradicional de família, que muitas vezes sustenta relações de poder assimétricas entre homens e mulheres.

A discussão sobre a transformação social também não pode ignorar a importância da participação política das mulheres. Pesquisadoras como Marlise Matos (2010) destacam que a subrepresentação feminina nos espaços de poder político é uma das manifestações mais evidentes da desigualdade de gênero. Segundo Matos, a falta de mulheres em posições de liderança limita a capacidade das políticas públicas de refletirem as necessidades e interesses das mulheres. Portanto, para que a transformação social seja realmente inclusiva e eficaz, é necessário garantir que as mulheres tenham voz ativa nos processos decisórios, tanto no âmbito institucional quanto na sociedade civil. Isso inclui a implementação de políticas de cotas e outras medidas afirmativas que incentivem a participação política das mulheres, além de combater a violência política de gênero, que muitas vezes é usada como uma ferramenta para silenciá-las e desmotivá-las.

Por fim, para que a transformação social seja efetiva e duradoura, é necessário um engajamento contínuo da sociedade civil organizada, como argumenta o antropólogo Kabengele Munanga (2003). Munanga defende que movimentos sociais, ONGs e outras organizações da sociedade civil desempenham um papel essencial na articulação de demandas, na conscientização da população e na pressão por políticas públicas inclusivas e justas. No contexto brasileiro, no qual a violência de gênero é uma questão urgente e endêmica, essas organizações são fundamentais para mobilizar recursos e ações que visem à erradicação da violência e à promoção da equidade de gênero. Ele também aponta a necessidade de construir alianças entre os movimentos feministas e outros movimentos sociais, como o movimento negro, indígena e LGBTQIA+, para que a luta por justiça social seja verdadeiramente interseccional e abrangente.

A transformação da sociedade em direção à equidade de gênero é, portanto, uma tarefa coletiva que requer o comprometimento de todos os setores sociais. Somente por meio da ação conjunta e coordenada será possível desmantelar as estruturas de poder que perpetuam a violência e a desigualdade de gênero, promovendo uma cultura de respeito e justiça para todos. Essa transformação não é apenas uma questão de justiça para as mulheres, mas um passo essencial para a construção de uma sociedade mais democrática e equitativa para todos.

Respeitar as Mulheres Sob Qualquer Circunstância

Respeitar as mulheres sob qualquer circunstância não é apenas um dever moral; é um imperativo para a sobrevivência de uma sociedade verdadeiramente humana. Simone de Beauvoir (1949) afirmou que não se nasce mulher, torna-se. Mas o que é se tornar mulher em um mundo que tantas vezes nega nossa humanidade? Respeitar as mulheres significa enxergá-las além dos estereótipos, além dos papéis sociais que lhes foram impostos, e reconhecer sua essência plena e complexa. Cada mulher carrega em si as marcas de uma história coletiva de resistência e, ao mesmo tempo, de dor e silenciamento.

Em nosso mundo, metade da população é composta por mulheres e a outra metade, de forma direta ou indireta, é composta por seus filhos e filhas. Cada um de nós tem uma mãe, uma irmã, uma esposa ou uma amiga cuja vida e dignidade são intrinsecamente conectadas à nossa própria. Nesse contexto, o feminismo brasileiro, liderado por vozes como Lélia Gonzalez (1982), escancara as camadas múltiplas de opressão que atingem as mulheres, especialmente as negras e indígenas. Gonzalez nos ensinou que a luta feminista deve ser profundamente enraizada nas realidades locais, entendendo que o respeito passa pelo reconhecimento das diferenças e pela inclusão radical. Respeitar as mulheres é, portanto, lutar contra toda forma de opressão que as subjugue – seja o patriarcado, o racismo, o capitalismo ou qualquer outra estrutura que as desumanize.

Sueli Carneiro (2003) nos adverte sobre a necessidade de ir além das palavras e transformar a sociedade de maneira concreta, garantindo que as mulheres, especialmente as mais marginalizadas, tenham acesso às oportunidades que lhes foram historicamente negadas. O respeito deve ser traduzido em ações – políticas públicas, representatividade, segurança, educação, e, sobretudo, em um compromisso social de escuta e acolhimento.

As mulheres são as mães da sociedade, e isso vai muito além da biologia. Como ensinou Heleieth Saffioti (1976), elas sustentam a vida comunitária, a força de uma nação e a continuidade da humanidade. Essa maternidade simbólica envolve nutrição emocional, construção de valores e a transmissão de saberes que não podem ser subestimados. No entanto, quantas vezes essa contribuição é invisibilizada ou desrespeitada? Quantas mulheres são forçadas a carregar o peso do mundo enquanto seus direitos básicos são negados?

Ao refletir sobre o papel das mulheres na sociedade, é impossível ignorar o legado de violência que nos foi imposto. Marcia Tiburi (2018) e Carla Akotirene (2019) nos convocam a enfrentar as verdades difíceis, a desafiar o silêncio e a nos insurgir contra todas as formas de opressão. O respeito às mulheres é, em última análise, o respeito à própria vida, à diversidade, e à complexidade humana. É uma promessa de futuro em que a dignidade de cada mulher seja assegurada, não como uma concessão, mas como um reconhecimento do valor intrínseco que cada uma carrega.

Este livro, fruto de anos de estudo e reflexão, é um chamado à ação. É um convite para que todas as mulheres reconheçam sua força e se unam na construção de um mundo onde possamos viver sem medo, sem opressão, e com a plena certeza de que nossa luta não será em vão. As mulheres são as guardiãs da sociedade, as tecelãs de um futuro em que o respeito, a representatividade e a equidade não sejam mais desejos, mas realidades inquestionáveis.

Concluo, portanto, com uma reverência a todas as mulheres que vieram antes de nós, àquelas que estão ao nosso lado e às que virão depois. Que nossa luta seja uma chama eterna, iluminando o caminho para uma sociedade que, finalmente, nos veja, nos ouça e nos respeite sob qualquer circunstância. Porque merecemos. Porque somos a vida que pulsa. Porque somos o amanhã. E que, ao olharmos para frente, enxerguemos um mundo mais justo, onde a voz de cada mulher e a dignidade de cada vida sejam verdadeiramente reconhecidas e celebradas.

Referências Bibliográficas

ABDO, Carmita. Saúde Mental e Violência de Gênero. São Paulo: Editora Contexto, 2020.

AGUIAR, J. M. Humanização da assistência hospitalar ao parto no Brasil: a experiência de um serviço de referência. Revista de Saúde Pública, v. 44, n. 1, p. 1-7, 2010.

ALMEIDA, João. Estereótipos de Gênero e Pornografia: A Reinvenção da Submissão Feminina. Revista Brasileira de Estudos de Gênero, v. 15, n. 2, p. 123-135, 2020.

ALMEIDA, J. M. A Lei de Alienação Parental e suas Implicações no Sistema de Justiça. São Paulo: Editora Jurídica, 2020.

ARONOVICH, Lola. Lute como uma Garota: Feminismo e Resistência. São Paulo: Planeta, 2020.

AKOTIRENE, Carla. O que é interseccionalidade?. São Paulo: Letramento, 2018.

ANISTIA INTERNACIONAL. Relatório: A violência contra a mulher negra no Brasil. 2017. Disponível em: <https://anistia.org.br/>. Acesso em: 29 ago. 2024.

ARAÚJO, Marcos Cezar. Gênero e Sexualidade: Perspectivas Brasileiras. Rio de Janeiro: Editora UFRJ, 2020.

ALVES, Miriam. Estética Negra: reflexões sobre o corpo e identidade racial. São Paulo: Cortez, 2015.

ALVES, M. C.; SOUZA, R. S. Educação sexual como política pública preventiva: análise do custo-benefício. Revista Brasileira de Saúde Pública, v. 31, n. 2, p. 189-201, 2017.

ALVES, J. M.; PEREIRA, L. C. Custo-benefício da educação sexual: uma análise econômica das políticas públicas preventivas no Brasil. Revista de Economia da Saúde, v. 28, n. 3, p. 305-319, 2020.

ALVES, R. B.; SILVA, P. L. Comunicação e controle no atendimento obstétrico: uma análise crítica. 1. ed. São Paulo: Editora Unesp, 2022.

ALMEIDA, J. M. A Lei de Alienação Parental e suas Implicações no Sistema de Justiça. São Paulo: Editora Jurídica, 2020.

ALVES, M. Alienação Parental: Uma Análise Crítica da Legislação Brasileira. São Paulo: Editora Jurídica, 2021.

ALMEIDA, M. S. (2018). O amor no feminismo: Uma visão de igualdade e respeito. Editora Feminina.

ALMEIDA, S. M. Os custos da gravidez na adolescência para a saúde pública no Brasil. Revista Brasileira de Políticas Públicas, v. 15, n. 2, p. 321-334, 2019.

ANDERSON, Eric. The Monogamy Gap: Men, Love, and the Reality of Cheating. Oxford University Press, 2010.

ARAÚJO, J. Religiosidade e Inclusão: Reflexões sobre a Fé e a Manipulação Institucional. Editora ABC, 2022.

ARAÚJO, Maria Isabel. Direitos Reprodutivos e Violência Institucional: o aborto no Brasil. São Paulo: Editora 34, 2018.

AKOTIRENE, Carla. Interseccionalidade. São Paulo: Pólen, 2019.

AZEVEDO, Beatriz. A sexualização e a cultura do estupro: Uma análise da representação das mulheres na mídia. Revista Brasileira de Estudos de Gênero, v. 5, n. 2, p. 45-62, 2015.

BANDEIRA, Lourdes. Violência de gênero, desigualdades e os desafios para a implementação de políticas públicas no Brasil. Revista Estudos Feministas, v. 25, n. 2, p. 687-703, 2017.

BARCELLOS, Adriana. Gênero, mídia e objetificação: a representação das mulheres na publicidade brasileira. Revista Brasileira de Ciências Sociais, v. 32, n. 94, p. 12-28, 2017.

BARRETT, Michele; MCINTOSH, Mary. The Anti-Social Family. Londres: Verso, 1982.

BARROS, D. R.; FERREIRA, M. E. Impactos econômicos e sociais das políticas de prevenção na saúde pública. Cadernos de Saúde Pública, v. 36, n. 5, p. e00123420, 2020.

BARBOSA, M. T. et al. Amor Romântico e suas Implicações na Sociedade Contemporânea. São Paulo: Editora XYZ, 2022.

BATES, L. (2020). Men Who Hate Women. Simon & Schuster.

BAUMAN, Z. Amor Líquido: Sobre a Fragilidade dos Laços Humanos. Rio de Janeiro: Jorge Zahar Editor, 2003.

BENTO, Berenice. A reinvenção do corpo: sexualidade e gênero na experiência transexual. Salvador: EDUFBA, 2019.

BERER, Marge. Abortion Law and Policy Around the World: In Search of Decriminalization. Health and Human Rights Journal, v. 20, n. 1, 2013.

BERSCHEID, E. (1994). Interpersonal attraction. In S. Duck (Ed.), Handbook of personal relationships: Theory, research, and interventions. Wiley.

BIROLI, Flávia. Gênero e Desigualdades: Limites da Democracia no Brasil. São Paulo: Boitempo, 2016.

BORDO, Susan. Unbearable Weight: Feminism, Western Culture, and the Body. Berkeley: University of California Press, 1993.

BOURDIEU, P. A Distinção: Crítica Social do Julgamento. São Paulo: Edusp, 1984.

BOURDIEU, Pierre. A Dominação Masculina. Rio de Janeiro: Bertrand Brasil, 1998.

BUTLER, Judith. Gender Trouble: Feminism and the Subversion of Identity. Nova York: Routledge, 1990.

BUTLER, Judith. Problemas de Gênero: Feminismo e Subversão da Identidade. Rio de Janeiro: Civilização Brasileira, 2003.

BUTLER, Judith. Undoing Gender. Nova York: Routledge, 2004.

BEAUVOIR, Simone de. O Segundo Sexo. São Paulo: Difusão Europeia do Livro, 1967.

BUTLER, Judith. Problemas de Gênero: Feminismo e Subversão da Identidade. Rio de Janeiro: Civilização Brasileira, 2003.

BRAKE, Elizabeth. Minimizing Marriage: Marriage, Morality, and the Law*. Nova York: Oxford University Press, 2012.

BRASIL. Lei nº 9.263, de 12 de janeiro de 1996. Dispõe sobre a regulação da reprodução humana e dá outras providências. Diário Oficial da União, Brasília, DF, 15 jan. 1996.

BRASIL. Lei nº 14.443, de 8 de setembro de 2022. Altera a Lei nº 9.263, de 12 de janeiro de 1996, para dispor sobre a esterilização voluntária e dá outras providências. Diário Oficial da União, Brasília, DF, 9 set. 2022.

BRASIL. Lei nº 12.318, de 26 de agosto de 2010. Disponível em: https://www.planalto.gov.br/ccivil_03/_ato2007-2010/2010/lei/l12318.htm. Acesso em: 31 ago. 2024.

BRASIL. Lei Maria da Penha: 14 anos de conquistas e desafios. Brasília: Secretaria de Políticas para as Mulheres, 2020.

BRASIL. Ministério da Saúde. Indicadores de saúde reprodutiva no Brasil. Brasília: Ministério da Saúde, 2021

BOONEY, Kara. When women ruled the world: six queens of Egypt. Kindle Edition, 2018.

BROWN, K. Poliamor e a Desconstrução do Amor Romântico. São Paulo: Editora Independente, 2018.

BROWN, P. (1997). Romantic idealization and the satisfaction of romantic relationships. Journal of Social and Personal Relationships, 14(4), 587-600.

CARNEIRO, Sueli. Mulheres em Movimento. In: HIRATA, Helena; LABORIE, Françoise; LE DOARÉ, Hélène; SENOTIER, Danièle (orgs). Dicionário Crítico do Feminismo. São Paulo: Unesp, 1999.

CARNEIRO, Sueli. Racismo, sexismo e desigualdade no Brasil. São Paulo: Selo Negro, 2015.

CARNEIRO, R. Violência obstétrica: intervenções desnecessárias e abuso durante o parto. Saúde em Debate, v. 37, n. 98, p. 495-503, 2013.

CARVALHO, João. Violência Contra a População Trans no Brasil. São Paulo: Fundação Rosa Luxemburgo, 2020.

CARVALHO, Maria Clara. O impacto da PL 1904/2022 nos direitos reprodutivos no Brasil. Revista Brasileira de Direito, 2023.

CARVALHO, Maria Rita. Violência Moral e Gênero: Desafios e Possibilidades no Contexto Brasileiro. Brasília: Editora UnB, 2021.

CARNEIRO, Sueli. Racismo, sexismo e desigualdade no Brasil. São Paulo: Selo Negro, 2011.

CARDOSO, A.; SILVA, M. Impacto da Legalização do Aborto na Mortalidade Materna. Revista Brasileira de Saúde Pública, 2020.

CORRÊA, Sonia. Sexualidade e mídia: Impactos e influências na formação da identidade. Estudos Feministas, v. 21, n. 1, p. 111-130, 2013.

______________. O direito ao aborto no Brasil: um balanço de 20 anos. Cadernos Pagu, n. 60, p. 1-25, 2021.

COSTA, J. Consequências da Criminalização do Aborto. Jornal de Direito e Saúde, 2022.

COSTA, L. Dinâmicas de poder na não monogamia. Rio de Janeiro: Editora Nova, 2020.

COSTA, Felipe; MELLO, Marina. Efeitos Neurológicos do Consumo de Pornografia em Adolescentes. Jornal de Neurociência Aplicada, v. 12, n. 1, p. 45-59, 2019.

COSTA, M. L.; RIBEIRO, D. O.; SILVA, A. P. Impacto da gravidez na adolescência sobre a saúde materna e neonatal. Cadernos de Saúde Pública, v. 35, n. 2, p. e00101918, 2019.

COSTA, Ana Maria. Corpo, mercado e mídia: a objetificação da mulher na publicidade brasileira. Estudos Feministas, v. 28, n. 1, p. 45-59, 2020.

COSTA, L. G. Poder e Controle na Não Monogamia: Uma Perspectiva Crítica. Rio de Janeiro: Universidade Federal do Rio de Janeiro, 2020.

COSTA, Camila de Jesus. Violência Obstétrica e Direitos Humanos: uma análise crítica da realidade brasileira. Rio de Janeiro: Fiocruz, 2017.

COSTA, L. F. Impactos Psicológicos da Alienação Parental nas Crianças. Rio de Janeiro: Editora Psicologia e Vida, 2019.

COONTZ, Stephanie. Casamento, uma História: Como o Amor Conquistou o Casamento. Rio de Janeiro: Record, 2005.

COLLINS, Patrícia Hill. Pensamento Feminista Negro: Conhecimento, Consciência e a Política do Empoderamento. São Paulo: Boitempo, 2019.

CONNELL, Raewyn. Masculinities. Berkeley: University of California Press, 1995.

CORRÊA, S. P. Aborto e Direitos Reprodutivos: Uma análise histórica e política. São Paulo: Editora Cortez, 2021.

CUNHA, Juliana. Redes sociais e a cultura do estupro: um estudo sobre o 'revenge porn'. Comunicação & Sociedade, v. 42, p. 23-39, 2020.

CHILDE, Gordon. O que aconteceu na história. Tradução de Waltensir Dutra. Rio de Janeiro: Zahar Editores / Círculo do Livro, s/d.

DAVIS, Angela. Mulheres, Raça e Classe. São Paulo: Boitempo, 2016.

DIAS, Mariana. Culto ao corpo e a objetificação feminina nas redes sociais: uma análise crítica. Revista Estudos de Comunicação, v. 6, n. 11, p. 74-91, 2019.

DIAS, M. Anarquia Relacional e a Subversão das Normas Sociais. Brasília: Editora Acadêmica, 2020.

DIAS, M. Modelos relacionais não monogâmicos. Belo Horizonte: Editora Universidade, 2020.

DINIZ, Débora. O Que É Violência Contra a Mulher?. São Paulo: Brasiliense, 2017.

DINIZ, C. S. G. Violência obstétrica: Paradoxos e disputas sobre a construção de conceitos. Revista Brasileira de Estudos de População, v. 32, n. 3, p. 671-679, 2015.

DINIZ, Débora. Zika: Do Sertão Nordestino à Ameaça Global. Rio de Janeiro: Civilização Brasileira, 2017.

DINIZ, S. G.; GOMES, A. C.; MENEZES, R. C. Violência obstétrica e medicalização do parto. 1. ed. Rio de Janeiro: Editora Fiocruz, 2020.

DOMINGUES, Joelza Ester. Mulheres ao longo da história: 1 pré-história. Blog: Ensinar História. Disponível em: https://ensinarhistoria.com.br/mulheres-ao-longo-da-historia-1-pre-historia/. Acesso em: 12 abril 2020.

DOMINGUES, Joelza Ester. Mulheres ao longo da história: 2 Egito antigo. Blog: Ensinar História. Disponível em: https://ensinarhistoria.com.br/mulheres-ao-longo-da-historia-2-egito-antigo/. Acesso em: 12 abril 2020.

DUBY, Georges. O Cavaleiro, a Mulher e o Padre: O Casamento na Sociedade Feudal. São Paulo: Companhia das Letras, 1983.

ENGELS, Friedrich. A Origem da Família, da Propriedade Privada e do Estado. São Paulo: Martins Fontes, 1984.

EUROMONITOR INTERNATIONAL. Beauty and Personal Care Market Size and Trends. 2022.

FACCHINI, Regina. Moralidade e Controle do Corpo Feminino: O Impacto das Leis Restritivas ao Aborto no Brasil. Revista de Estudos Feministas, v. 27, n. 3, 2019.

FERNANDES, R.; OLIVEIRA, L. Abandono Parental e Desenvolvimento Infantil. Psicologia e Infância, 2019

FEDERICI, Silvia. O Calibã e a Bruxa: Mulheres, Corpo e Acumulação Primitiva. São Paulo: Elefante, 2017.

FEDERICI, Silvia. Caliban and the Witch. Nova York: Autonomedia, 2004.

FEHR, B. (1996). Conceptualizing and measuring companionate love. In B. Fehr (Ed.), The measurement of romantic love. Lawrence Erlbaum Associates.

FERNANDES, Paulo et al. A Influência da Pornografia na Formação Sexual de Adolescentes Brasileiros. Psicologia e Sociedade, v. 33, n. 3, p. 345-360, 2021.

FERREIRA, A. Aplicação da Lei de Alienação Parental: Desafios e Perspectivas. Belo Horizonte: Editora Legal, 2019.

FERREIRA, M. Fé e Controle: A Influência das Instituições Religiosas na Política. Editora DEF, 2023.

FERREIRA, Mariana Lacerda. Violência Moral no Ambiente de Trabalho: Uma Análise Sob a Perspectiva de Gênero. São Paulo: Editora PUC-SP, 2020.

FERREIRA, R. Relações Abertas e a Dinâmica do Poder. Salvador: Editora UFBA, 2019.

FIGUEIREDO, R. Políticas públicas de saúde reprodutiva no Brasil: desafios e perspectivas. Revista Brasileira de Saúde Materno Infantil, v. 19, n. 4, p. 1075-1089, 2019.

FOUCAULT, Michel. História da Sexualidade: A Vontade de Saber. Rio de Janeiro: Graal, 1976.

FONSECA, Thaís. Tráfico humano e exploração sexual em São Paulo: uma análise sociológica. Cadernos de Segurança Pública, v. 5, n. 3, p. 99-112, 2019.

FONSECA, Ana Maria. Políticas Públicas e Direitos Reprodutivos no Brasil. São Paulo: Loyola, 2015.

FRASER, N. Redistribuição ou Reconhecimento?. Trad. Jorge S. F. Siqueira. 1. ed. São Paulo: Editora UNESP, 2003.

FREIRE, Paulo. Pedagogia da Autonomia: Saberes Necessários à Prática Educativa. 34. ed. São Paulo: Paz e Terra, 2000.

FROMM, Erich. A Arte de Amar. Rio de Janeiro: Zahar, 1956.

FLAUZINA, Ana. Corpo negro caído no chão: uma análise da interseccionalidade entre raça, classe e gênero no sistema penal brasileiro. Dissertação (Mestrado em Direito) - Universidade de Brasília, 2006.

FORUM BRASILEIRO DE SEGURANÇA PÚBLICA. Anuário Brasileiro de Segurança Pública 2022. São Paulo: Fórum Brasileiro de Segurança Pública, 2022.

FORUM BRASILEIRO DE SEGURANÇA PÚBLICA. Mapa da Violência 2023. São Paulo: FBSP, 2023.

GAUNTLETT, David. Media, Gender and Identity. 2. ed. Londres: Routledge, 2008.

GARCIA, Cláudia. Desumanização e Violência Sexual: O Impacto da Pornografia. Revista Brasileira de Psicologia, v. 34, n. 2, p. 89-102, 2019.

GASPARD, Françoise. O Feminismo e os Fundamentalismos Religiosos. Paris: La Découverte, 1994.

GIDDENS, Anthony. A Transformação da Intimidade: Sexualidade, Amor e Erotismo nas Sociedades Modernas. São Paulo: Unesp, 1993.

GIDDENS, A. (1992). The transformation of intimacy: Sexuality, love, and eroticism in modern societies. Stanford University Press.

GOULART, S. Naturalização do sofrimento no parto: aspectos históricos e culturais. Saúde e Sociedade, v. 26, n. 1, p. 54-65, 2017.

GODOI, Eloísa. Mulheres no campo: desafios e desigualdades no agronegócio do Centro-Oeste. Revista de Sociologia Rural, v. 58, n. 2, p. 120-134, 2018.

GOMES, C. Controle masculino em modelos não monogâmicos. Curitiba: Editora Alternativa, 2022.

GOMES, R. S. A Lei de Alienação Parental e o Sistema de Justiça: Uma Análise Crítica. Curitiba: Editora Justiça e Cidadania, 2021.

GOMES, Ana Maria Rabelo. Violência Psicológica Contra a Mulher: Implicações para a Saúde Mental e o Bem-Estar. São Paulo: Casa do Psicólogo, 2020.

GOMES, A. M. Violência e Gênero em Relações Não Monogâmicas. Porto Alegre: Editora UFRGS, 2022.

GOMES, R. C.; ALMEIDA, S. P. Redes de apoio e a violência no pós-parto. Revista Brasileira de Saúde Materno Infantil, v. 24, n. 2, p. 145-159, 2024.

GONÇALVES, A. K. Políticas públicas e violência obstétrica: desafios e perspectivas. Revista Brasileira de Crescimento e Desenvolvimento Humano, v. 21, n. 2, p. 319-332, 2011.

GONZALEZ, Lélia. Por um feminismo afro-latino-americano. Revista Isis, v. 10, n. 2, p. 56-67, 1988.

GREGORI, Maria Filomena. Cenas e Queixas: Um Estudo Sobre Mulheres, Violência e a Lei. São Paulo: Paz e Terra, 2018.

GIDDENS, Anthony. A Transformação da Intimidade: Sexualidade, Amor e Erotismo nas Sociedades Modernas. São Paulo: Unesp, 1993.

GONZALEZ, Lélia. Festas e Quilombos. São Paulo: Instituto Kuanza, 1982.

GROSSI, Miriam Pillar. Educação, gênero e sexualidade: debates contemporâneos. Florianópolis: UFSC, 2016.

GROSSI, Miriam. Gênero, Família e Sexualidade: Um Olhar Sociológico. Florianópolis: UFSC, 2004.

HOCHSCHILD, Arlie Russell. The Second Shift: Working Families and the Revolution at Home. Nova York: Viking, 1989.

HOCHSCHILD, A. R. O Trabalho das Emoções: A Revolução do Amor e o Cuidado em um Mundo Comercializado. São Paulo: Companhia das Letras, 2012.

HOOKS, Bell. Feminism is for Everybody: Passionate Politics. Cambridge: South End Press, 2000.

HOOKS, Bell. All About Love: New Visions. Nova York: William Morrow Paperbacks, 2000.

HOOKS, bell. Black Looks: Race and Representation. Boston: South End Press, 1992.

HOOKS, Bell. Feminist Theory: From Margin to Center. Boston: South End Press, 1984.

HOOKS, B. O Feminismo é para Todo Mundo. Trad. Patricia L. F. Silva. 1. ed. Rio de Janeiro: Editora Rosa dos Ventos, 2000.

HOFF-SOMMER, H. Representações do amor na literatura feminista. 1. ed. Belo Horizonte: Editora Vozes, 2013.

HUMAN RIGHTS WATCH. Relatório Mundial 2021: Direitos Humanos. Washington, D.C.: HRW, 2021.

IBGE. Estatísticas de Nascimentos no Brasil 2020. Rio de Janeiro: IBGE, 2020.

INSTITUTO BRASILEIRO DE GEOGRAFIA E ESTATÍSTICA (IBGE). Estatísticas do Registro Civil 2023. Disponível em: [link]. Acesso em: 2 set. 2024.

INSTITUTO DE SEGURANÇA PÚBLICA DO RIO DE JANEIRO. Dossiê Mulher 2023. Rio de Janeiro: ISP, 2023.

NSTITUTO DE PESQUISA ECONÔMICA APLICADA (IPEA). Indicadores de Políticas Públicas de Gênero. Brasília: IPEA, 2020.

ILLOUZ, Eva. O Amor nos Tempos do Capitalismo. São Paulo: Zahar, 1997.

ISAPS. Global Aesthetic Survey. 2018.

JANKÉLÉVITCH, V. (2003). L'amour et le mal. Éditions Gallimard.

JESUS, Juliana Gomes de. Transfeminismo: Teorias e Práticas. São Paulo: Metanoia, 2013.

JUNG, C. G. O Homem e Seus Símbolos. Editora GHI, 1961.

KNAAP, S., & VANGELISTI, A. L. (2000). Interpersonal communication and relationships. Lawrence Erlbaum Associates.

LAUER, R. H., & LAUER, C. (1992). The long-term marriage: A study of the predictors of marital satisfaction and stability. Journal of Marriage and the Family, 54(1), 111-124.

LAGO, Andrea. A história do cartão de crédito e a luta das mulheres pela autonomia financeira. Revista Brasileira de História, v. 36, n. 71, p. 123-145, 2016.

LAMMERS, J., & STOKMANS, M. (2005). Love and relationships: From romance to reality. Routledge.

LEAL, M. C.; THEME-FILHA, M. M.; MOURA, E. C. Desigualdades raciais, sociais e econômicas na assistência ao parto no Brasil. Revista Saúde Pública, v. 48, n. 2, p. 254-264, 2014.

LEAL, M. C. et al. A violência obstétrica como uma violação dos direitos humanos das mulheres. Revista Brasileira de Epidemiologia, v. 17, Supl 2, p. 566-585, 2014.

LEAL, M. C. Educação sexual nas escolas: uma necessidade urgente. Revista Brasileira de Educação, v. 24, n. 77, p. 1-15, 2018.

LIMA, A.; SOUZA, C. Custos Econômicos do Abandono Parental. Economia e Proteção Social, 2023.

LIMA, Ana; ARAÚJO, Carla. Pornografia e Violência Sexual em Relações Íntimas: Uma Revisão Sistemática. Sexualidade e Sociedade, v. 7, n. 4, p. 312-328, 2018.

LIMA, Mariana. Autoestima e Imagem Corporal: O Impacto da Pornografia em Mulheres Jovens. Saúde e Sociedade, v. 26, n. 2, p. 189-204, 2017.

LIMA, Márcia. Gênero, raça e classe: interseccionalidade e consubstancialidade das opressões no Brasil. São Paulo: Boitempo, 2018.

LIONÇO, Tânia. Sexualidades, Gêneros e Direitos Humanos: Desafios Contemporâneos. Brasília: Editora UnB, 2011.

LOURO, Guacira. Gênero, sexualidade e educação: uma perspectiva pós-estruturalista. Rio de Janeiro: Vozes, 2016.

LOURO, Guacira Lopes. Um Corpo Estranho: Ensaios sobre Sexualidade e Teoria Queer. Belo Horizonte: Autêntica, 2001.

LORD, Audre. A Burst of Light: Essays. Ithaca: Firebrand Books, 1988.

LOPES, G. R.; ALMEIDA, T. R. Impactos econômicos da falta de prevenção em saúde sexual e reprodutiva. Cadernos de Economia da Saúde, v. 38, n. 4, p. 389-402, 2020.

LOPES, P. R.; CARVALHO, M. S. Repercussões da falta de educação sexual no financiamento da saúde pública. Saúde em Debate, v. 45, n. 128, p. 543-556, 2021.

KILBOURNE, Jean. Can't Buy My Love: How Advertising Changes the Way We Think and Feel. Nova York: Touchstone, 1999.

KOLLONTAI, Alexandra. The Social Basis of the Woman Question. Nova York: Gordon Press, 1920.

MACINTOSH, Alison. Lower limb skeletal biomechanics track long-term decline in mobility across ~6150 years of agriculture in Central Europe. Journal of Archaeological Science, v. 52, dez 2014.

MARTINS, C. Consequências Psicológicas da Exposição a Conflitos e Abusos. Porto Alegre: Editora Saúde Mental, 2017.

MARTINS, S. Dinâmicas de Gênero no Poliamor. Curitiba: Editora UFPR, 2019.

MARTINS, F. Pressões e expectativas nas relações não monogâmicas. Porto Alegre: Editora Emancipa, 2019.

MATOS, Marlise. Feminismos, Teorias e Perspectivas. Belo Horizonte: Autêntica, 2010.

MATOS, Marlise. O feminismo no Brasil contemporâneo: desafios e perspectivas. Revista Brasileira de Ciências Sociais, v. 35, n. 104, p. 1-20, 2020.

MATOS, L. F.; Silva, M. A. Impacto da violência doméstica na saúde pós-natal. Jornal Brasileiro de Medicina, v. 78, n. 1, p. 33-47, 2022.

MEDLINEPLUS. Dieta vegetariana. Otros nombres: vegetarianismo. Consultado 30 de abril de 2020. Disponible en: https://medlineplus.gov/spanish/vegetariandiet.html.

MELO, Paula. O crime de honra e a violência contra a mulher no Brasil. Revista Direito e Práxis, v. 8, n. 4, p. 1489-1507, 2017.

MENDES, Soraia da Rosa. Violência Doméstica: Uma Análise Crítica da Lei Maria da Penha. Brasília: Editora da Universidade de Brasília, 2017.

MENDES, Rafael; OLIVEIRA, Lucas. Comportamento de Risco Sexual e Consumo de Pornografia em Jovens Adultos. Revista Brasileira de Comportamento e Saúde, v. 8, n. 3, p. 210-224, 2019.

MENDES, Soraia da Rosa. Feminicídio: A Violência Patriarcal em Confronto com o Direito Penal Brasileiro. São Paulo: Saraiva, 2017.

MCROBBIE, A. The Aftermath of Feminism: Gender, Culture and Social Change. Londres: Sage Publications, 2009.

MINISTÉRIO DA SAÚDE. Indicadores de Saúde Materna no Brasil. Brasília, 2023.

MINAYO, Maria Cecília de Souza. Violência e Saúde Pública. Rio de Janeiro: Editora Fiocruz, 1994.

MONTET, Pierre. O Egito no tempo de Ramsés. Círculo do Livro, 1989.

MORAES, C. L. de. Violência no Pós-Parto: A Realidade que Ninguém Vê. Estudos Feministas, v. 29, n. 3, p. 675-689, 2021.

MONTICELLI, M.; BRÜGGEMANN, O. M. Movimentos sociais e a humanização do parto: a atuação da Rede Parto do Princípio. Texto Contexto Enfermagem, v. 22, n. 1, p. 203-211, 2013.

MUNSTER, K.; SCHMIDT, L.; HELM, P. Length and variation in the menstrual cycle—a cross-sectional study from a Danish county. BJOG. 1992;99(5): 422–9.

MUNANGA, Kabengele. Rediscutindo a Mestiçagem no Brasil: Identidade Nacional versus Identidade Negra. Belo Horizonte: Autêntica, 2003.

MYERS, D. G. (2000). The pursuit of happiness: Who is happy–and why. William Morrow Paperbacks.

NASCIMENTO, J. Reflexões sobre a não monogamia e a igualdade. Salvador: Editora Progressiva, 2022.

NASCIMENTO, Abdias do. O genocídio do negro brasileiro: processo de um racismo mascarado. Rio de Janeiro: Paz e Terra, 1980.

NASCIMENTO, Renata. Dependência Emocional e Vício em Pornografia: Um Estudo de Caso. Terapia e Comportamento, v. 14, n. 2, p. 143-157, 2016.

NASCIMENTO, Joana. A indústria da moda e a objetificação das mulheres: o caso do Rio de Janeiro. Revista Brasileira de Moda e Cultura, v. 4, n. 2, p. 33-47, 2021.

NASCIMENTO, F. Reflexões Críticas sobre a Não Monogamia e a Liberdade Feminina. Recife: Editora UFPE, 2022.

NASCIMENTO, Márcia. A Violência Contra a Mulher no Rio de Janeiro: Análise e Perspectivas. Rio de Janeiro: FGV, 2022.

NAVARRO LINS, R. A Cama na Varanda: Relações não monogâmicas e desigualdades de gênero. Rio de Janeiro: Editora Intelectual, 2002.

NOBLECOURT, Christiane Desroches. A mulher no tempo dos faraós. São Paulo: Papirus, 1994.

NOGUEIRA, P. A. O impacto da educação sexual na promoção da saúde adolescente. Revista de Saúde Pública, v. 53, n. 20, p. 1-10, 2019.

NOGUEIRA, P. A. Impactos socioeconômicos da gravidez na adolescência. Cadernos de Saúde Pública, v. 37, n. 4, p. e00210121, 2021.

NOGUEIRA, Diana. O impacto das mídias digitais na sexualização da juventude. Revista de Comunicação e Cultura, v. 8, n. 1, p. 87-104, 2021.

NICIDA, E. M. et al. Medicalização do parto: os sentidos atribuídos pela literatura de assistência ao parto no Brasil. Cadernos de Saúde Pública, v. 39, n. 4, e00012323, 2023.

NUNES, Maria José. A luta pelo direito ao voto feminino no Brasil. Revista de História Comparada, v. 1, n. 1, p. 45-67, 2002.

ORGANIZAÇÃO MUNDIAL DA SAÚDE. Relatório sobre Violência Doméstica e Saúde Mental. Genebra: OMS, 2022.

OLIVEIRA, Fernanda. O perigo das plataformas digitais e a formação da sexualidade infantil. Jornal de Psicologia e Educação, v. 15, n. 4, p. 145-162, 2022.

OLIVEIRA, Vanessa. Turismo sexual e exploração de mulheres no Nordeste brasileiro. Estudos Feministas, v. 25, n. 3, p. 89-105, 2017.

OLIVEIRA, A. P.; SANTOS, M. C. Educação sexual nas escolas: uma análise da implementação no Brasil. Cadernos de Educação, v. 22, n. 2, p. 233-247, 2018.

OLIVEIRA, Maria Carolina de. Fundamentalismo religioso e gênero no Brasil. Rio de Janeiro: Editora FGV, 2018.

OLIVEIRA, R. S.; SOUZA, M. A. Gravidez na adolescência e saúde mental: uma revisão integrativa. Revista Brasileira de Saúde Materno Infantil, v. 20, n. 3, p. 791-800, 2020.

OLIVEIRA, T. Liberdade sexual e controle masculino na não monogamia. Fortaleza: Editora Critica, 2021.

OLIVEIRA, J. Não Monogamia e Violência de Gênero. Belo Horizonte: Editora UFMG, 2021.

PAPOS, G. A não monogamia e o poder. São Paulo: Editora Conectiva, 2015.

PASINATO, Wânia. O Avanço da Lei Maria da Penha e seus Desafios. São Paulo: Editora da Universidade de São Paulo, 2019.

PEREL, Esther. Mating in Captivity: Unlocking Erotic Intelligence. Nova York: Harper, 2006.

PEREIRA, F. A. Violência Doméstica e Alienação Parental: Uma Análise Crítica. Salvador: Editora Direitos Humanos, 2018.

PEREIRA, L. Direitos Reprodutivos e Autonomia Feminina. Belo Horizonte: Editora Saúde e Sociedade, 2021.

PEREIRA, V. A.; FIGUEIREDO, R. C. Ciclos de exclusão: o impacto da gravidez na adolescência sobre a educação e a renda familiar. Revista de Ciências Sociais, v. 14, n. 1, p. 125-138, 2018.

PENHA, M. Direitos das Mulheres e Criminalização do Aborto. Revista de Direito Feminista, 2021.

PETCHESKY, Rosalind. Abortion and Woman's Choice: The State, Sexuality, and Reproductive Freedom. Boston: Northeastern University Press, 2016.

PINHEIRO, Renata. Revisão do Código Penal e a abolição do crime de honra. Revista Jurídica, v. 11, n. 2, p. 345-367, 2015.

PINHEIRO, A. Dinâmicas de poder na não monogamia. Recife: Editora Reflexiva, 2019.

PINHEIRO, Andréa. *Direitos Humanos e a Proteção das Mulheres no Brasil*. Fortaleza: Universidade Federal do Ceará, 2019.

PINHEIRO, C. Liberdade ou Controle? A Complexidade das Relações Não Monogâmicas. Florianópolis: Editora UFSC, 2019.

PIMENTEL, Thiago. Estupro culposo: uma análise crítica do caso Mariana Ferrer e as falhas do sistema judiciário brasileiro. Revista Brasileira de Direito Processual Penal, v. 6, n. 2, p. 123-145, 2020.

PITANGUY, Jacqueline. Violência e Poder nas Cidades Brasileiras. Rio de Janeiro: Garamond, 2021.

PITANGUY, Jacqueline. Violência Sexual no Brasil: Desafios e Perspectivas. São Paulo: Editora FGV, 2021.

PISCITELLI, Adriana. Gênero, sexualidade e poder: debates e desafios contemporâneos. EDUFBA, 2011.

PRICE, Michael. Strong women did a lot of the heavy lifting in ancient farming societies. Science, 29 nov 2017.

RABELO GOMES, Ana Maria. Psicologia e Gênero: Enfrentando a Violência Contra as Mulheres. Belo Horizonte: Editora UFMG, 2020.

RAMOS, Eduardo. Pornografia Infantil e Pedofilia: Um Ciclo de Exploração e Violência. Revista Brasileira de Direito Penal, v. 22, n. 1, p. 56-72, 2021.

REIS, A. P. Políticas públicas e a violência obstétrica: Um estudo de caso no SUS. Cadernos de Saúde Pública, v. 36, n. 8, p. e00193220, 2020.

RIBEIRO, A. A prática do amor: Uma análise feminista. 1. ed. São Paulo: Editora Contexto, 2021.

RIBEIRO, Debora. Violência de gênero e exploração sexual de mulheres indígenas no Norte do Brasil. Revista de Estudos Indígenas, v. 9, n. 1, p. 67-84, 2016.

RIBEIRO, Djamila. O que é Lugar de Fala? Belo Horizonte: Letramento, 2017.

RIBEIRO, Tatiane. Sexualização e violência nas mídias digitais: Desafios e riscos para a juventude. Comunicação e Sociedade, v. 19, n. 2, p. 25-42, 2018.

RODRIGUES, M. S. O Uso Indevido da Lei de Alienação Parental e seus Efeitos nas Famílias. Recife: Editora Justiça Social, 2020.

RODRIGUES, Carla. Cultura do estupro e a mídia: a representação das mulheres na imprensa brasileira. Estudos de Comunicação, v. 18, n. 4, p. 77-91, 2015.

Sá, S. Proteção Infantil e Abandono Parental. Revista Brasileira de Direito Público, 2022.

SAFFIOTI, Heleieth. Gênero, patriarcado e violência. São Paulo: Perseu Abramo, 2004.

SAFFIOTI, Heleieth. A Mulher na Sociedade de Classes: Mito e Realidade. São Paulo: Expressão Popular, 2004.

SPIVAK, Gayatri Chakravorty. Can the Subaltern Speak? In: NELSON, Cary; GROSSBERG, Lawrence (ed.). Marxism and the Interpretation of Culture. Urbana: University of Illinois Press, 1988.

SANTOS, L. M. et al. Impacto da violência obstétrica na amamentação: uma revisão da literatura. Journal of Human Lactation, v. 32, n. 3, p. 1-8, 2016.

SANTOS, M. A. A Evolução dos Direitos Reprodutivos no Brasil: O Impacto das Novas Leis. São Paulo: Editora Atlas, 2023.

SANTOS, José. A violência sexual contra crianças e adolescentes no Brasil: um problema persistente e invisível. Direitos Humanos & Sociedade, v. 14, p. 11-27, 2021.

SANTOS, Jaqueline. Aborto e Violência de Gênero: Reflexões Críticas e Perspectivas Jurídicas. Brasília: UnB, 2020.

SCHRAIBER, L. B.; DINIZ, S. G. Violência simbólica na assistência obstétrica: o lado oculto da humanização. Interface - Comunicação, Saúde, Educação, v. 11, n. 23, p. 33-45, 2007.

SARDENBERG, Cecília. O Aborto no Brasil: Impactos da Criminalização para as Mulheres Pobres. Salvador: Edufba, 2017.

SANDBERG, Sheryl. Lean In: Women, Work, and the Will to Lead. Nova York: Knopf, 2013.

SANTOS, L. C. Interseccionalidade e a violência obstétrica no Brasil: O impacto da raça e da classe social no parto. Revista de Estudos Feministas, v. 26, n. 2, p. 1-14, 2018.

SANTOS, Maria Helena. Planejamento familiar e os direitos reprodutivos no Brasil: avanços e desafios. Revista Estudos Feministas, v. 27, n. 3, p. 567-588, 2019.

SANTOS, A. P. A sobrecarga do SUS frente à falta de educação sexual: um problema evitável. Revista Brasileira de Políticas Públicas, v. 15, n. 2, p. 231-244, 2019.

SAFFIOTI, Heleieth I. B. A Mulher na Sociedade de Classes: Mito e Realidade. São Paulo: Quatro Artes, 1976.

SILVA, A. Aborto Legal: Um Direito em Risco. Brasília: Editora Jurídica, 2022.

SILVA, R.; COSTA, L. Religiosidade Autêntica e Acolhimento Universal. Editora JKL, 2021.

SILVA, T. Alienação Parental: Aspectos Jurídicos e Psicológicos. Brasília: Editora Federal, 2019.

SILVA, E. A. Fundamentos da Não Monogamia: Uma Introdução. São Paulo: Editora Perspectiva, 2017.

SILVA, Carla. Pobreza e prostituição: uma análise da exploração sexual em Fortaleza. Revista Brasileira de Estudos Urbanos e Regionais, v. 20, n. 2, p. 56-73, 2018.

SILVA, Mariana. Educação e regulação da mídia: Estratégias para combater a sexualização infantil. Revista Brasileira de Educação e Mídia, v. 12, n. 1, p. 67-83, 2017.

SILVA, Vânia. O Estatuto da Mulher Casada e as transformações na vida das brasileiras. Revista Brasileira de Ciências Sociais, v. 33, n. 98, p. 198-219, 2018.

SILVA, L. M.; OLIVEIRA, M. B. Desastres evitáveis: a importância da educação sexual na prevenção da gravidez na adolescência. Saúde em Debate, v. 45, n. 129, p. 277-290, 2019.

SILVA, Paula Cristina. Políticas de Gênero e Religião no Brasil Contemporâneo. São Paulo: Cortez Editora, 2019.

SILVA, L. R.; FONSECA, M. E. O estigma social e suas consequências na saúde reprodutiva de adolescentes. Revista de Saúde Pública, v. 54, p. 51-62, 2020.

SILVA, A. P. A relação entre educação sexual e a redução da gravidez na adolescência. Saúde em Debate, v. 44, n. 124, p. 123-135, 2020.

SILVA, L. S.; PEREIRA, R. P. A gravidez na adolescência e suas implicações socioeconômicas: uma análise crítica. Revista Brasileira de Estudos de População, v. 37, n. 1, p. 29-45, 2020.

SOFFRE, Olga; ADOVASIO, J.M.; PAGE, Jake. Sexo invisível: O verdadeiro papel das mulheres da pré-história. Tradução de Hermano de Freitas. Rio de Janeiro: Record, 2009.

SOUSA, P. M. Psicologia e Amor: Efeitos da Idealização Romântica na Autoestima Feminina. Rio de Janeiro: Editora ABC, 2021.

SOUSA, L. Anarquia Relacional: Uma Abordagem Teórica. Porto Alegre: Editora PUCRS, 2021.

SOUZA, Maria. Publicidade e estereótipos de gênero no Sul do Brasil. Estudos Interdisciplinares de Gênero, v. 10, n. 1, p. 15-30, 2017.

SOUZA, C. Judiciário e Infância: Falhas e Perspectivas. Porto Alegre: Editora Jurídica, 2019.

SOUZA, M. A.; OLIVEIRA, R. S. Divisão de gênero e abandono paternal: as consequências da gravidez na adolescência. Ciência & Saúde Coletiva, v. 24, n. 6, p. 2165-2176, 2019.

SOUZA, Cláudia. Saúde Mental e Violência Moral: Impactos Psicológicos e Necessidades de Intervenção. Rio de Janeiro: Fiocruz, 2019.

SOUZA, A. C.; Silva, R. M.; Santos, P. R. Violência obstétrica e saúde mental no pós-parto. Psicologia e Saúde, v. 18, n. 4, p. 229-241, 2023.

SELIGMAN, M. E. P. (2002). Authentic happiness: Using the new positive psychology to realize your potential for lasting fulfillment. Free Press.

Singer, J. L. (1994). The psychology of romantic love. Harvard University Press.

SCOTT, Joan. Gender and the Politics of History. Nova York: Columbia University Press, 2018.

SCHWARTZ, S. H. (2008). The value of values. In C. B. H. Brown (Ed.), The psychology of values: Theoretical and empirical advances. Routledge.

SCHRAMM, R. D.; MARTINS, L. R.; PEREIRA, J. S. Impactos da violência obstétrica na saúde mental das mulheres. 1. ed. Porto Alegre: Editora Sulina, 2021.

TATAR, Maria. The Classic Fairy Tales. Nova York: W. W. Norton & Company, 1999.

TAVARES, Maria da Conceição. A Economia Política da Transição: Da Ditadura Militar ao Governo Collor. Campinas: UNICAMP, 1992.

TEIXEIRA, L. A. A normalização da cessaria como modo de nascer: cultura materialdo parto em maternidade privadas no Sudeste do Brasil. Revista de Saúde Coletiva. Vol:25. Pag:885-904.2015.

TEIXEIRA, L. A. S. História da assistência ao parto no Brasil: o lugar do saber médico na constituição da prática obstétrica. História, Ciências, Saúde - Manguinhos, v. 15, n. 4, p. 101-119, 2008.

TIBURI, Márcia. Feminismo em Comum: Para Todas, Todes e Todos. Rio de Janeiro: Record, 2018.

TODD, Emannuel. L'origine des systemes familiaux. Tome I: Eurasia. Paris: Gallimard, 2011.

UNICEF. Relatório sobre Abandono Infantil e Negligência. Relatório Anual UNICEF, 2021.

VASALLO, B. Desafios Poliamorosos. Lisboa: Editora Vanguarda, 2018.

VILELA, M. H. Educação sexual nas escolas: uma necessidade urgente. Revista Brasileira de Educação, v. 24, n. 77, p. 1-15, 2019.

VENTURA, Deisy. Feminismo e os direitos das mulheres em tempos de conservadorismo. Revista Brasileira de Política Internacional, v. 65, n. 2, p. 110-132, 2022.

WAISELFISZ, Julio. Mapa da violência 2020: feminicídio no Brasil. Brasília: Flacso, 2020.

WOLF, Naomi. O Mito da Beleza: Como as Imagens de Beleza são Usadas contra as Mulheres. Rio de Janeiro: Rocco, 1992.

WOLF, Naomi. The Beauty Myth: How Images of Beauty are Used Against Women. Nova York: Harper Perennial, 1991.

WORTHINGTON, E. L. (2006). Forgiveness and reconciliation: Theory and application. Routledge.

WOLFE, R. Transformações do amor no feminismo. 1. ed. Porto Alegre: Editora Zahar, 2016.